Л.П. Юдин

ИДТИ или ХОДИТЬ?
Глаголы движения в речи

Пособие для студентов, изучающих русский язык
как иностранный

*Издание 2-е,
переработанное и дополненное*

РУССКИЙ ЯЗЫК
КУРСЫ
Москва
2010

УДК 808.2 (075.8)-054.6
ББК 81.2 Рус-923
Ю16

Юдина, Л.П.
Ю16 **Идти или ходить?** Глаголы движения в речи: Пособие для студентов, изучающих русский язык как иностранный / Л.П. Юдина. — 2-е изд., перераб. и доп. — М.: Русский язык. Курсы, 2010. — 200 с.

ISBN 978-5-88337-229-1

Предлагаемое пособие позволит учащимся систематизировать знания по одной из наиболее сложных тем русской грамматики и усовершенствовать навыки свободного употребления глаголов движения в устной и письменной речи.

Материал рассчитан на иностранцев, владеющих русским языком в объёме базового и первого сертификационного уровня.

ISBN 978-5-88337-229-1

ПРЕДИСЛОВИЕ

Предлагаемое пособие адресовано иностранцам, владеющим русским языком в объёме базового и первого сертификационного уровня и позволит систематизировать их знания и развить навыки употребления глаголов движения в речи.

Пособие может быть использовано:

- учащимися — при самостоятельном изучении темы, так как содержит необходимые комментарии и ключи к заданиям;
- преподавателем — на уроках по грамматике или в качестве основного курса при проведении практического семинара по теме «Глаголы движения в речи (прямое значение)».

В книге выделяются три части. Первая — основная часть — это вопросы и задания учащимся. Здесь отрабатываются наиболее употребительные глаголы движения без приставок. Из приставочных глаголов подробно рассматриваются глаголы типа *пойти, съездить, походить, проездить*, а также переходные глаголы с приставками *при-* и *от-* (*принести — отнести*). Вторая часть — Материалы для контроля и консультаций — позволяет проследить употребление глаголов движения почти со всеми приставками. Третья часть содержит ключи и комментарии.

В начале книги размещена таблица глаголов движения без приставок. Обращение к ней требуется для выполнения ряда заданий и облегчает запоминание учащимся основных глагольных пар.

Основу организации материала определили коммуникативные цели обучения. Для представления материала от содержания к форме в задания введены не только бесприставочные глаголы, но и те из приставочных, которые обеспечивают возможность коммуникации в границах рассматриваемых смысловых отношений. В тех случаях, где это представляется целесообразным, материал группируется по формальному признаку (от формы к содержанию — например, вопросительные предложения, начинающиеся словом *как*).

Материал в основном представлен речевыми образцами, отражающими определённые типовые ситуации. Особое внимание обращается на контекст употребления глаголов движения. Широко используются различные типы диалогических единств (что связано со спецификой употребления глаголов движения), монолог с включением диалога и, реже, чистый монолог — описание, сообщение, повествование.

Таким образом, автор не стремится дать материал в максимально возможном объёме, а делает попытку организовать его в соответствии с задачами учебного процесса.

Выполняя задания, учащийся должен проанализировать, обобщить, ответить, вступить в коммуникацию, т. е. проявить максимум активности. Задания сформулированы так, чтобы побудить учащегося самостоятельно делать выводы, совершая, пусть маленькие, «открытия» в изучаемом языке. Материалы занятий — основная часть пособия, которая используется преподавателем.

Работу с хорошо подготовленной аудиторией целесообразно начать с Материалов для контроля и консультаций, что поможет выявить «слабые места» учащихся и составить программу занятий, перенеся акцент на творческие и истинно речевые упражнения.

В ключах даны ответы и подробные комментарии к заданиям. Эту часть пособия учащийся использует при самостоятельном изучении темы или при выполнении заданий преподавателя.

В каждом занятии выделяются рубрики: *Повторяем* (начиная со 2-го занятия), *Изучаем* и *Работаем самостоятельно*. Перед каждым занятием дан его развёрнутый план (содержание). Заголовки пунктов плана используются и в тексте занятий, что поможет ориентироваться в материале.

В формулировках заданий на первый план выдвинуто описание ситуации, предлагается вопрос или реплика как стимул к речевой деятельности учащегося. Бо́льшая часть заданий рассчитана на устное выполнение.

При самостоятельном изучении языка, непременным условием успешной работы с пособием является последовательное выполнение каждого задания с проверкой себя по ключам. В тех случаях, когда допустимы варианты, в ключе даётся вариант, который может служить образцом.

Рубрика *Работаем самостоятельно* содержит задания творческого характера: написать сочинение (составить рассказ) на предложенную тему, включив в него диалоги разного типа, или пересказать интервью, взятое у лиц разного возраста и разных профессий — граждан России и туристов, приехавших из-за рубежа. Прелагаемые темы интервью: *«Как вы проводите свободное время?»*, *«Путешествия в моей жизни»*, *«Что вы хотите посмотреть в России?»*, *«Что вы уже видели в Москве?»*, *«Прогулка* по улицам города», «Как улучшить работу общественного транспорта?», «Пробки на дорогах», «Велосипед на улицах города», «Пешеходные улицы в городе», «Пешеход и машины» и т. п.

В зависимости от конкретных целей обучения материал пособия может использоваться в полном объёме и в предложенной последовательности или частично.

Автор выражает признательность А.С. Бодровой и Е.В. Шаульскому за техническую помощь при подготовке настоящего издания.

ГЛАГОЛЫ ДВИЖЕНИЯ БЕЗ ПРИСТАВОК

Группа *идти*		Группа *ходить*
ИДТИ	—	ХОДИТЬ
ЕХАТЬ	—	ЕЗДИТЬ
БЕЖАТЬ	—	БЕГАТЬ
ЛЕТЕТЬ	—	ЛЕТАТЬ
ПЛЫТЬ	—	ПЛАВАТЬ
БРЕСТИ	—	БРОДИТЬ
ЛЕЗТЬ	—	ЛАЗИТЬ
ПОЛЗТИ	—	ПОЛЗАТЬ
ВЕСТИ	—	ВОДИТЬ
ВЕЗТИ	—	ВОЗИТЬ
НЕСТИ	—	НОСИТЬ
КАТИТЬ	—	КАТАТЬ
ТАЩИТЬ	—	ТАСКАТЬ
ГНАТЬ	—	ГОНЯТЬ
КАТИТЬСЯ	—	КАТАТЬСЯ
НЕСТИСЬ	—	НОСИТЬСЯ
ТАЩИТЬСЯ	—	ТАСКАТЬСЯ
ГНАТЬСЯ	—	ГОНЯТЬСЯ

ЗАНЯТИЕ 1

● Глаголы движения, способ передвижения, тип движения.

● Общая характеристика глаголов движения; группа *идти* и группа *ходить*.
  ⊙ Обозначение однонаправленного движения в контексте одновременных действий.
  ⊙ Обозначение однонаправленного движения в контексте последовательных действий.
  ⊙ Обозначение ненаправленного движения.
  ⊙ Обозначение двунаправленного движения.

ИЗУЧАЕМ

Глаголы движения, способ передвижения, тип движения

1. Познакомьтесь с таблицей глаголов движения без приставок (с. 6) и ответьте на вопросы.

1. Сколько всего пар глаголов движения без приставок есть в русском языке?

2. Глаголы какого вида (совершенного или несовершенного) образуют пары?

3. По какому принципу пары глаголов разделены в таблице на три группы?

2. Прочитайте текст. Скажите, какие глаголы в тексте относятся к глаголам движения, а какие нет. Используйте таблицу (с. 6).

Путешественники

Необыкновенные, удивительные люди — путешественники, мореплаватели. С давних времён странствовали они по земле, путешествовали по миру. Они плавали за моря и открывали новые земли, находили новые растения, новых, неизвестных животных. Имена многих из них вы найдёте на географических картах. Это смелые, сильные, любознательные, беспокойные люди.

Что гонит их по свету?

Вот один садится в лодку и плывёт на ней через океан, другой — сооружает воздушный шар и летит на нём вокруг света. Третий беспокойный едет вокруг земного шара на простом велосипеде. А четвёртый на лыжах или даже пешком идёт к полюсу.

Зачем и почему они это делают? В чём их секрет?

3. Сравните предложения попарно и определите, один или разные способы передвижения обозначают глаголы в каждой паре.

1) Мы долго *шли* через лес.	Мы долго *ходили* по лесу.
2) Над озером *летит* чайка.	Над озером *летает* чайка.
3) К берегу *плывут* дети.	Около берега *плавают* дети.

4. Найдите предложения, в состав которых входят глаголы движения. Назовите инфинитив (начальную форму) глагола и его парный глагол.

1. Он часто путешествует по стране на своей машине. Недавно он ездил на Север. 2. Вечерами они часто гуляли по парку. Иногда бродили по городским улицам. 3. — Как вы добирались из театра до дома? — Мы шли пешком. 4. В нашем самолёте летела футбольная команда. Спортсмены возвращались с соревнований. 5. По улице мчатся машины. По нашей улице ездит много машин. 6. Мы плыли больше часа. Подниматься на лодке вверх по быстрой реке очень трудно. 7. Будущий моряк должен свободно передвигаться в воде. Мальчики уже неплохо плавают. 8. Он ехал на велосипеде, а собака бежала рядом. Они направлялись в дальнюю деревню. 9. Спускаться с крутой горы на лыжах непросто. Я видел, как уверенно ты ехал с горы на лыжах, и очень порадовался за тебя. 10. Вокруг цветущей липы весь день кружатся трудолюбивые пчёлы. В летний день над цветами непрестанно летают пёстрые бабочки. 11. По городу нас водил мой друг. Он любит показывать свой город гостям. 12. В солнечный день многие горожане отправляются в парки или за город. Мы же обычно ездим на дачу. 13. Продукты в магазины доставляют на машинах. Почту почтальоны тоже возят на машинах или на велосипедах, а в маленьких деревнях носят в почтовых сумках.

5. Найдите в заданиях **2** и **4** глаголы, обозначающие движение, но не являющиеся глаголами движения. Ответьте на вопросы.

1. Какие из этих глаголов близки по смыслу к глаголам типа *идти*, а какие — к глаголам типа *ходить*? Образуют ли эти глаголы пары типа *идти/ходить*?

2. Чем различаются глаголы в парах: *добираться/добраться*; *возвращаться/вернуться*; *подниматься/подняться*; *спускаться/спуститься*; *направляться/направиться*; *отправляться/отправиться*; *доставлять/доставить*? Обозначают ли указанные глаголы способ передвижения?

6. Какие глаголы называются *глаголами движения*? Сформулируйте определение.

7. Сравните пары предложений, данных под цифрами 1, 2 и 3, и ответьте на вопросы. При ответе пользуйтесь схемами.

1) а) В лес мы шли быстрым шагом, спешили.
   б) В лес мы обычно шли быстрым шагом, спешили.

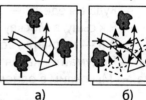

2) а) Вчера мы ходили в лес.
   б) Летом мы часто ходили в лес.

3) а) Вчера мы долго ходили по лесу.
   б) Обычно мы долго ходили по лесу.

1. Сколько *способов передвижения* представлено в задании?

2. Сколько *типов движения* представлено в задании? В чём разница между этими типами движения?

3. Как можно назвать такие типы движения?

8. Подумайте и ответьте.

1. Зависит ли выбор бесприставочного глагола движения от: а) *типа движения*; б) *способа передвижения*; в) *повторяемости движения*?

2. Связано ли употребление глаголов группы *идти* и *группы* ходить с определённым типом движения?

Общая характеристика глаголов движения; группа *идти* и группа *ходить*

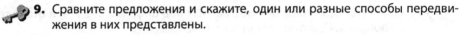

Обозначение однонаправленного движения в контексте одновременных действий

9. Сравните предложения и скажите, один или разные способы передвижения в них представлены.

Мы долго *шли* через лес.
Мы долго *брели* через лес.
Мы долго *бежали* через лес.
Мы долго *ехали* через лес.

10. Подумайте и ответьте. Что объединяет в одну группу глаголы типа *идти*? Сформулируйте общее правило.

11. Прочитайте и перескажите тексты. Найдите в них глаголы движения и объясните их употребление.

В поезде

В одном уральском городе в поезд сели две старушки. В купе они разговорились:

— Куда вы едете? — спросила одна.

— Я к сыну, в Москву. А вы?

— А я — к дочери, во Владивосток.

— Подумайте, какая теперь техника, — сказала первая старушка. — Мы сидим в одном купе, а едем в разные стороны.

Улица с односторонним движением

Автоинспектор остановил машину.

— Куда же вы едете? — сказал он водителю. — Разве вы не видите, что это улица с односторонним движением?

— А я и еду в одну сторону!

12. Проанализируйте предложения, ответив на вопросы.

Мы долго шли, поворачивали то направо, то налево, пока наконец пришли на место.

Когда мы ехали в Крым, мы на три дня остановились в Киеве.

Ехать пришлось долго, потому что несколько раз стояли в пробках.

1. Является ли однонаправленное движение только *прямолинейным*?
2. Совершается ли такое движение непрерывно?

13. Сравните попарно предложения и ответьте на вопросы.

1) Когда мы ехали в Крым, мы на три дня остановились в Киеве.	Каждый раз, когда мы ехали в Крым, мы останавливались в Киеве.
2) Когда я шла на работу, я встретила нашего почтальона.	Когда я шла на работу, я иногда встречала нашего почтальона.
3) Когда мы ехали в автобусе, он всю дорогу читал.	Когда мы ехали куда-нибудь в автобусе, он всю дорогу что-нибудь читал.

1. В каких предложениях говорится об *однократном движении*, в каких — *о повторяющемся*?
2. Указывают ли глаголы движения в предложениях правого столбца на *повторяющееся движение*? Если нет, то каким образом оно выражено?
3. Как соотносятся во времени движение и сопутствующее действие: являются ли они одновременными (частично или полностью)? Какое действие является фоновым, а какое главным?
4. Можно ли назвать контекст этого типа *контекстом одновременных действий*?

14. Сравните предложения, ответив на вопросы.

Когда она *идёт* на экзамен, она страшно *волнуется*.

Когда она *шла* на экзамен, она страшно *волновалась*.

1. О каком движении (однократном или повторяющемся) говорится в первом предложении? Почему вы так думаете?
2. Совпадает или различается содержание предложений? На что влияет изменение времени глаголов: *идёт, волнуется* (наст. вр.) — *шла, волновалась* (пр. вр.)?
3. Как нужно изменить второе предложение, чтобы по содержанию оно точно соответствовало первому?

15. Прочитайте и перескажите шутку. Передайте смысл выражений, используя глаголы движения.

Теряли *по дороге* из магазина.

Потерял *по дороге* в магазин.

По дороге в магазин

Однажды Петя пошёл в магазин за хлебом. Когда он пришёл в магазин, он увидел, что потерял кошелёк. Он долго искал его, но не нашёл и пошёл домой без хлеба.

Дома он сказал:

— Ты знаешь, мама, сегодня все люди по дороге из магазина теряли свои кошельки.

— Ну а ты? — спросила мать.

— А я потерял свой ещё по дороге в магазин.

16. Передайте содержание предложений, используя глаголы движения.

Образец: │ — *По дороге в Москву* мы проезжали этот город.
         │ — *Когда мы ехали в Москву*, мы проезжали этот город.

1. По дороге в Москву мы проезжали этот город. 2. Утренние газеты я покупаю по дороге в университет. 3. По дороге из университета мы часто заходим в книжный магазин. 4. По дороге из университета мы, как всегда, зашли в этот магазинчик. 5. Вчера мы встречали друзей из Воронежа. По дороге на вокзал мы купили цветов. 6. Уже по дороге в аптеку она вдруг обнаружила, что забыла взять рецепт. 7. По дороге на урок она повторяла новые слова. 8. Обычно по дороге на урок она повторяла новые слова. 9. По дороге к тебе мы зашли в банк.

17. Сравните предложения попарно и ответьте на вопросы.

1) Мы встретили их, когда шли в парк.	Мы встретили их, когда ходили в парк.
2) Мы часто встречали их, когда шли в парк.	Мы часто встречали их, когда ходили в парк.

1. В каком из столбцов предложения содержат неопределённую информацию? Аргументируйте ваше мнение.

2. Верно ли, что глаголы *идти* и *ходить* в контексте одновременных действий не могут взаимозаменяться? Аргументируйте ваше мнение.

18. Проанализируйте предложение, ответив на вопросы.

В десять часов он *оделся* и *пошёл* в библиотеку.

1. Одновременно или последовательно происходят действия, о которых говорится в предложении? Как можно назвать такой контекст?

2. Действия, о которых говорится в предложении, происходят один раз или повторяются? Что на это указывает?

3. Что означает глагол *пошёл* в этом контексте? Каково значение приставки *по-*?

4. Как вы сообщите, что человек в прошлом *регулярно, каждый день занимался* в библиотеке. Какого вида глаголы вы употребите и почему?

5. Как будет звучать предложение, если мы начнём рассказ так: «В библиотеке он занимается каждый день»?

6. Каким глаголом передаётся значение начала однонаправленного движения, перехода к движению в контексте последовательных действий? Выведите общее правило.

7. Можно ли в рассматриваемом контексте заменить глагол группы *идти* глаголом группы *ходить*? Аргументируйте ваше мнение.

19. Передайте содержание предложений, используя глаголы движения.

1. После занятий мы отправились в библиотеку. 2. Обычно после занятий мы отправлялись в библиотеку. 3. Мы сели в автобус и отправились в центр города. 4. Часто, когда кончались занятия, мы отправлялись в центр города. 5. Когда начинаются каникулы, многие студенты отправляются домой, на родину. 6. Как только начинался отпуск, я отправлялась в деревню отдыхать.

20. Подумайте и ответьте. Вспомните всё, что вам известно о глаголах группы *идти*.

1. Какое значение является общим для глаголов типа *идти* и позволяет объединить их в группу?

2. Можно ли глаголом группы *идти* обозначить повторяющееся движение, или эти глаголы обозначают только однократное движение?

3. В контекстах какого типа для обозначения повторяющегося однонаправленного движения используются только глаголы группы *идти*?

21. Подумайте и ответьте. Что объединяет в одну группу глаголы типа *ходить*? На основании чего глаголы группы *ходить* могут быть противопоставлены глаголам группы *идти*? Сформулируйте общее правило.

22. Сравните предложения, ответив на вопросы.

Мы *долго* катались на лыжах.

Мы *подолгу* катались на лыжах.

1. О каком движении говорится в предложениях — о *направленном* или о *ненаправленном*?

2. В каком из предложений речь идёт об однократном движении, а в каком — о повторяющемся? Что помогло вам это установить?

23. Прочитайте текст, восстанавливая пропущенные глаголы движения.

В зоопарке

Как говорят, «движение — это жизнь». Справедливость этого высказывания подтверждается нашей прогулкой по зоопарку.

Когда мы подошли к клетке с медведем, зверь почему-то встал и принялся … взад-вперёд по клетке. От клетки с медведем мы подошли к небольшому вольеру с водоёмом, в котором непрерывно …, то появляясь на поверхности, то снова погружаясь под воду, моржи и тюлени. Возле ограды стояла толпа посетителей, в том числе много детей. Они наблюдали за быстрыми движениями животных. То же происходило и у вольера с белыми медведями. А что делалось с птицами! Павлины важно … по площадке, демонстрируя свои роскошные веерообразные хвосты. Мелкие птицы … с ветки на ветку, а огромные орлы неподвижно сидели на вершинах искусственных скал.

Много зрителей толпилось у аквариумов, где … фантастически прекрасные, яркие, причудливые рыбки из южных морей. Потом мы постояли у большого пруда. Там … белые и чёрные лебеди и многочисленные пёстрые утки. Некоторые из птиц вышли на берег и … туда-сюда, может быть, отдыхая или греясь на солнышке.

24. Расскажите о себе. Используйте глаголы движения.

Что вы делаете, когда приходите в лес, в парк, в зоопарк, на каток, на берег реки, на озеро, где есть лодочная станция, и т. п.? Часто ли вы пользуетесь велосипедом, роликовыми коньками и другими современными средствам передвижения?

> **Обозначение двунаправленного движения**

25. Найдите в диалогах глаголы движения. Определите, какие глаголы в репликах-вопросах соответствуют глаголам движения, и запишите полученные пары.

1) — Ты был вчера у Михаила?
   — Да, я ходил к нему за бумагой.

2) — Ты бывал у Ивана, когда вы жили в одном доме?
   — Да, я часто ходил к нему играть в шахматы.

3) — Вы бывали когда-нибудь в этом городе?
   — Нет, я никогда не ездил в этот город.

26. Расскажите о себе. Используйте глаголы движения.

1. Где вы были вчера? 2. Где вы провели каникулы? 3. Вы уже были в Петербурге? 4. В каких городах России вы были? 5. В каких странах, кроме России, вы были? 6. Вы были за городом, в Подмосковье? 7. Вы были в среду на экскурсии? 8. Вы часто бываете в гостях? 9. Когда в последний раз вы были в магазине? В каких магазинах вы бываете чаще всего?

27. Сравните предложения, ответив на вопросы.

Недавно наша группа *ходила на экскурсию* в музей Чехова.
Наша группа *часто ходила на экскурсии* в музеи, на выставки.

1. В каком из предложений говорится о повторяющемся движении? Каким образом выражено повторяющееся движение: глаголом движения или лексическими и грамматическими показателями?

2. Может ли глагол *ходить* в форме прошедшего времени сам, без поддержки контекста, обозначать повторяющееся движение? Сформулируйте правило.

28. Измените (дополните) предложения, чтобы выразить повторяющееся движение.

1. На прошлой неделе они ходили на консультацию по фонетике. 2. В свой свободный день она ездила за город к подруге. 3. В прошлом семестре мы ездили в один древний русский город. 4. После занятий они ходили смотреть известный русский фильм.

29. Прочитайте диалоги и ответьте на вопросы.

1) — Где вы занимаетесь: в библиотеке или дома?
   — Я хожу заниматься в библиотеку.

2) — Где вы будете заниматься: в библиотеке или дома?
   — Я буду ходить заниматься в библиотеку, мне нужно собрать материал для статьи.

3) — Где вы занимались? Дома?
   — Нет, я ходил в библиотеку.

4) — Где вы обычно занимались?
   — Я ходил в библиотеку.

1. Какое движение представлено в диалогах — однонаправленное, двунаправленное или ненаправленное?

2. Однократным или повторяющимся является движение, представленное в диалогах 1, 2 и 4? Как вы это определили?

3. В чём разница между диалогами 3 и 4?

30. Измените (дополните) предложения, чтобы выразить однократное движение.

1. Если у вас нет учебника, нужно ходить в читальный зал библиотеки. 2. Завтра я получу читательский билет и тогда буду ходить в читальный зал. 3. Если вы любите классическую музыку, ходите в Большой зал Консерватории. 4. У меня совсем нет времени, иначе я ходил бы с вами на каток.

31. Отгадайте загадки и объясните употребление в них глаголов движения.

1. Летит — жужжит, сядет — молчит. 2. Не портной, а всю жизнь с иголками ходит. 3. Ног нет — а хожу, рта нет — а скажу, когда спать, когда вставать. 4. Кто зимой холодной ходит злой, голодный? 5. Днём летает — всем надоедает, ночь настаёт — летать перестаёт.

32. Расскажите о себе. Используйте глаголы движения.

1. Где вы были вчера? 2. Куда направляетесь сейчас? 3. Куда собираетесь завтра?

РАБОТАЕМ САМОСТОЯТЕЛЬНО

1. Уточните по словарям значение бесприставочных глаголов движения, которые даны в таблице на с. 6 (включая глаголы на -ся).

2. Проверьте себя: все ли формы глаголов движения вы знаете? Знаете ли вы, как они спрягаются, образуют формы прошедшего времени и форму императива?

● Общая характеристика глаголов группы *идти* и группы *ходить* (продолжение):

  ⊙ Особые случаи употребления глаголов группы *ходить*:

    ○ обозначение повторяющегося однонаправленного движения;

    ○ глаголы группы *ходить* при характеристике лица или предмета.

  ⊙ Глаголы движения в непрямом значении.

    ○ Обозначение движения транспорта.

    ○ Обозначение посещения учреждений и их представителей; обозначение присутствия на мероприятиях.

● Глаголы движения в типовых ситуациях.

  ⊙ Обозначение направления движения и места, где происходит движение.

  ⊙ Обозначение обстоятельств завершённого движения.

  ⊙ Использование глаголов группы *ходить* для обозначения занятости и причины.

ПОВТОРЯЕМ

1. Перескажите шутку. Объясните употребление глаголов движения.

Идти или ходить?

— Не знаю, что мне делать. Один врач говорит: «Вам нужно больше ходить», а другой: «Вам нужно ехать на курорт». Что вы мне посоветуете?

— Идите на курорт пешком!

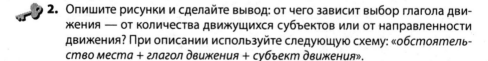

2. Опишите рисунки и сделайте вывод: от чего зависит выбор глагола движения — от количества движущихся субъектов или от направленности движения? При описании используйте следующую схему: «*обстоятельство места + глагол движения + субъект движения*».

Рис. 1

Рис. 2

3. Опишите рисунки и объясните ваш выбор глаголов движения.

Рис. 1

Рис. 2

Рис. 3

Рис. 4

4. Прочитайте текст. Перескажите его, используя глаголы движения. Скажите, как изменится смысл текста, если глагол *плыли* заменить глаголом *плавали*?

Вещь не потеряна

—Папа, можно сказать, что вещь потеряна, если мы знаем, где она лежит?

—Нет, нельзя.

—Значит, нельзя сказать, что я потерял твой фотоаппарат? Я знаю, где он лежит.

—А где он?

—Он упал в море, когда мы плыли на катере.

5. Передайте содержание предложений, используя глаголы движения.

1. По дороге на работу или с работы она доставала из почтового ящика газеты. 2. По дороге в Москву они познакомились в поезде с двумя студентами. 3. По дороге к тебе я встретил студента с нашего курса, он где-то здесь живёт. 4. По дороге к тебе я часто встречаю кого-нибудь с нашего курса. 5. По дороге с работы отец забрал дочку из детского сада. 6. Обычно дочку забирал из сада отец, по дороге с работы. 7. Мы видели этот памятник по дороге на стадион. 8. Я люблю этот книжный магазин и часто захожу в него по дороге на факультет или по дороге с факультета домой.

6. Объясните, чем отличаются друг от друга варианты ответов (а) и (б).

1) Когда он рассказал вам эту историю?
   а) Когда мы шли в театр.
   б) Когда мы ходили в театр.

2) Когда вы познакомились?
   а) Когда ехали на экскурсию в Клин.
   б) Когда ездили на экскурсию в Клин.

7. Восстановите пропущенные глаголы движения со значением *отправиться/отправляться*.

1. Он встал в 8 часов, позавтракал и . . . в школу. 2. Он вставал в 8 часов, завтракал и . . . школу. 3. У неё заболел зуб, и она . . . к врачу. 4. Если у неё начинал болеть зуб, она тут же . . . к врачу. 5. Кончился урок, и все . . . в кино. 6. Когда кончались занятия, все . . . в кино. 7. Урок русского языка у нас в 938 аудитории. Мы сели в лифт и . . . туда. 8. Если урок был в аудитории 938, мы садились в лифт и . . . туда.

8. Расскажите о себе. Используйте глаголы движения.

1. Каков ваш распорядок дня? 2. Как прошёл ваш вчерашний день? 3. Что вы будете делать завтра?

9. Ответьте на вопросы. Используйте глаголы движения *ходить, ездить*.

1. Где вы были в воскресенье? 2. Вы были вчера на стадионе (играли ваши любимые команды)? 3. Вы не знаете, ваша соседка была вчера на занятиях? 4. Кто из вас был в среду на встрече с поэтами? 5. Кто из вас встречал на вокзале гостей из Санкт-Петербурга?

10. Расскажите о себе. Используйте глаголы движения.

1. Какие лекции вы слушаете? 2. Вы регулярно посещаете семинарские занятия? 3. Вы будете заниматься в семинаре по фонетике и интонации? 4. Если бы открыли семинар по лексике, вы посещали бы этот семинар? 5. Во втором семестре будет работать семинар по русской культуре. Вы будете работать в этом семинаре?

11. Восстановите пропущенные глаголы движения.

1. Примите мой совет: … на лекции, не пропускайте ни одной! 2. Мой совет: … завтра на лекцию: будет очень хороший лектор. 3. По-моему, нужно … на все экскурсии, это полезно и интересно. 4. Нужно … на эту экскурсию, говорят, выставка очень хорошая. 5. Завтра ребята идут на каток. Я тоже … , но у меня в это время семинар. 6. Этим летом мои друзья едут на фестиваль в Испанию. Я тоже … , но у меня не будет отпуска в это время. 7. — Ты хочешь слушать лекции по русскому искусству? — Да, я с удовольствием … на эти лекции, но ближайшие два месяца я занят: пишу дипломную работу.

12. Передайте содержание предложений, используя глаголы движения.

1. Я слышала, Нина познакомилась с Олегом, когда была в Киеве. — Да, они познакомились в Киеве. 2. — Где ты купил этот альбом? — В Третьяковской галерее, когда был там на экскурсии. 3. — Вы видели портрет Ф.М. Достоевского работы художника Перова? — Видели, когда были в Третьяковской галерее. 4. — Когда она потеряла бинокль? — Когда была в театре. — В театре? — Нет, по дороге в театр. 5. — Когда они тебе позвонили? — Вчера, когда были в театре. — Они звонили из театра? — Нет, по дороге домой. 6. — Я часто захожу в этот магазин. — Когда? После работы

или до работы? — По-разному, иногда по дороге на работу, а иногда по дороге с работы. 7. — Когда ты видел Игоря? — Когда ходил в магазин. — Вы встретились в магазине? — Нет, я встретил его по дороге в магазин. Он возвращался из магазина. 8. — Где ты видел Нину? — Мы вместе поднимались в лифте.

Общая характеристика глаголов движения; группа *идти* и группа *ходить* (продолжение)

> ### Особые случаи употребления глаголов группы *ходить*

— Обозначение
повторяющегося однонаправленного движения ———————

 13. Сравните предложения, обращая внимание на то, как выражено *однократное* и *повторяющееся* однонаправленное движение. Ответьте на вопросы.

В университет мы *ехали* с Машей, а из университета домой я *ехала* одна.

В университет мы *обычно ехали* с Машей, а из университета домой я *ехала* одна.

В университет мы *обычно ездили* с Машей, а из университета домой я *ездила* одна.

1. О каком типе движения говорится в предложениях? Что на это указывает?

2. Движение, о котором идёт речь, происходит *однократно* или *повторяется*? Что на это указывает?

3. Почему повторяющееся однонаправленное движение может быть выражено как глаголом группы *идти*, так и глаголом группы *ходить*?

14. Замените (если возможно) глаголы движения типа *идти* глаголами типа *ходить* и наоборот. Запишите получившиеся предложения. Объясните, почему в одних случаях возможны варианты, а в других — нет.

1. Предлагаю до метро идти пешком, здесь рядом, и я до метро всегда иду пешком. 2. На станцию мы обычно шли пешком, через лес, а со станции домой всегда ехали на автобусе по шоссе. 3. На работу я обычно езжу на автобусе, а сегодня ехала на такси. 4. В школу мы обычно ехали на трамвае, а из школы домой ходили пешком. 5. Вы поднимаетесь на восьмой этаж по лестнице или едете на лифте?

——————— **Глаголы группы *ходить***
при характеристике лица или предмета ———————————

15. Прочитайте сказку и перескажите её.

Аист и Лягушка

Поспорила Лягушка с Аистом: кто краси́вее.

— Я, — уверенно сказал Аист. — Посмотри, какие у меня красивые ноги!

— Зато у меня их четыре, а у тебя только две! — возразила Лягушка.

— Да, у меня только две ноги, — сказал Аист, — но они у меня длинные!

— А я квакать умею, а ты нет!

— А я летаю, а ты только прыгаешь!

— Летаешь, а нырять не можешь!

— А у меня есть клюв!

— Подумаешь, клюв! На что он нужен?!

— А вот на что! — рассердился Аист и… проглотил Лягушку.

(по С. Михалкову)

16. Проанализируйте предложения. Скажите, обозначают ли в них глаголы группы *ходить* конкретное (однократное или повторяющееся) движение или только называют способ передвижения, характеризуют кого-нибудь или что-нибудь?

1) Птицы летают, рыбы плавают. Страусы не летают, зато быстро бегают. Ребёнок большой, уже ходит. Тамара прекрасно плавает.

2) — Вы когда-нибудь летали на вертолёте? — Нет. — А на самолёте?
— Летал один раз. Я летел из Москвы в Сочи. Вы уже ходили по этой улице? — Да, мы шли здесь вчера.

3) — Вот беда: начинаю полнеть. — Вам нужно больше ходить. Зимой полезно кататься на лыжах или на коньках, летом — ездить на велосипеде или плавать. Одним словом, нужно больше двигаться. И как можно меньше ездить на машине.

4) — Что такое тротуар? — Это часть улицы, по которой ходят люди. Что такое пенал? — Пенал — это такой футляр, в котором носят карандаши и ручки. — А что такое очечник? — В очечнике носят очки, это футляр для очков.

17. Закончите предложения, используя подходящие по смыслу глаголы движения.

1. Он живёт на берегу моря. Наверное, он прекрасный пловец? — Да (Нет), он… 2. Больной пошёл на поправку, уже встаёт с постели. — Да, врач разрешил ему… 3. Чем знамениты страусы? — В отличие от других птиц, страусы… 4. — Вам приходилось когда-нибудь пользоваться парусной лодкой или яхтой? — Да (Нет), я… 5. — Каких собак называют ездовыми? — На ездовых собаках… 6. Знаете ли вы такие слова: портфель, рюкзак? — Да, … 7. — Что такое мостовая? — Мостовая — это… 8. — Что такое пешеходная улица? — Это улица…

Глаголы движения в непрямом значении

Обозначение движения транспорта

18. Прочитайте диалоги. Выясните, какие глаголы используются для обозначения движения общественного транспорта. Определите, что хотят узнать, когда спрашивают:

Куда идёт этот автобус?
Как идёт этот автобус?
Идёт ли этот автобус до… (до метро, до вокзала)?

1) — Куда идёт этот автобус?
   — Его конечная остановка — станция метро «Университет».

2) — Как идёт этот автобус? Он проходит мимо рынка?
   — Нет, он не доходит до рынка.

3) — Этот автобус идёт до метро?
   — Идёт. / Нет, не идёт.

4) — Я доеду на этом автобусе до метро?

— Доедете. / Нет, не доедете.

5) — Давно не было автобуса?

а) — Только что прошёл.

б) — Не могу сказать, я сам только что пришёл/подошёл.

6) — Простите, вы давно ждёте автобуса?

— Да нет, я чуть-чуть не успел сесть, автобус ушёл, можно сказать, прямо у меня из-под носа.

7) — Часто ходят автобусы?

— В часы пик — часто, идут один за другим, а поздно вечером ходят довольно редко.

8) — Как идёт этот автобус — со всеми остановками или нет?

— До метро идёт без остановок, а от метро до конечной — со всеми остановками.

19. Ответьте на вопросы, обозначая движение транспорта соответствующими глаголами движения.

1. На чём, кроме метро, можно доехать отсюда до центра? 2. У троллейбусов и автобусов есть расписание движения? 3. Совпадает ли летнее и зимнее расписание электричек? 4. Вы не знаете, эта электричка останавливается на всех станциях? 5. Долго ли приходится ждать поезда в метро?

20. Проанализируйте диалог и определите конструкции, которыми обозначен используемый вид транспорта. Какая из них чаще встречается в разговорной речи и является универсальной? Аргументируйте своё мнение.

— Я слышал, что вы были на Кавказе. Мне сказали, что туда вы ехали на поезде, а оттуда — летели на самолёте.

— Это не так: и туда и обратно я летел самолётом. Лететь самолётом намного быстрее, чем ехать поездом.

21. Какими видами транспорта и средствами передвижения из перечисленных ниже вы пользуетесь часто, редко, не пользовались никогда? Ответьте, используя глаголы движения.

Метро, автобус, личная машина, лошади, собаки, верблюды, мотоцикл, велосипед, такси, маршрутки, океанский лайнер, моторная лодка, космический корабль.

22. Прочитайте диалог. Сформулируйте правило: когда говорят *ехать на автобусе*, а когда — *ехать в автобусе*?

—Таня! Здравствуй!

—Привет, Андрей!

—Ты что, шла пешком?

—Нет, ехала на автобусе. Ты разве не видел меня? Мы же ехали в одном автобусе.

—Что ты говоришь?! Нет, я тебя не видел — читал. Когда я еду в автобусе, я обычно что-нибудь читаю.

—А я не умею читать в дороге. Как читать? Ведь в автобусе почти всегда едет много пассажиров. Приходится стоять. Иногда я даже думаю, что лучше вообще не ездить на автобусе, а ходить пешком. Жаль, что живу я далековато.

23. Ответьте на вопросы, используя выражения *ехать на...* и *ехать в...*

1. Берёте ли вы такси, если опаздываете? 2. Если вы берёте такси, то в дороге вы разговариваете с водителем или молча смотрите в окно? 3. Вы видели — мимо нас проехало такси. Были в нём пассажиры? 4. Где вы познакомились с Марией? 5. В самолете были пассажиры с детьми? 6. Вы поднимались на свой этаж по лестнице или на лифте? 7. Вы встретились с Николаем в лифте? 8. Как они добирались от Ярославля до Нижнего Новгорода? 9. На теплоходе были туристы?

24. Расскажите о себе. Используйте глаголы движения.

1. Каким транспортом вы пользовались у себя на родине? 2. Хорошо ли развит общественный транспорт в вашем городе? 3. Какой транспорт чаще встречается в центре и на окраинах вашего города? 4. Какие виды транспорта предпочитают жители вашего родного города? 5. Какими видами транспорта вы пользуетесь в России? 6. Любите ли вы транспорт вообще? Часто ли вы ходите пешком? Куда вы ходите пешком?

Обозначение посещения учреждений и их представителей; обозначение присутствия на мероприятиях

25. Прочитайте диалог. Обозначают ли глаголы *ехать/ездить* и *идти (пойти)/ходить* реальный способ передвижения или употреблены здесь в другом значении? Попробуйте определить, каково это значение и когда возможно такое употребление.

1) Какие у вас новости? — Вчера мы ходили в Музей имени Андрея Рублёва[1], а в воскресенье ездили в музей-усадьбу «Абрамцево»[2].

2) Где вы были? — Позавчера мы ездили на Красную площадь, встречались там с друзьями, а вчера вместе с ними ходили в Исторический музей на Красной площади.

3) Куда вы собираетесь? — В центр. Мы сегодня идём в Малый театр на премьеру.

4) Кто из вас ездил в театр покупать билеты на «Иоланту»? — За билетами ездил я. Это было несколько дней назад. А вчера мы уже ходили в театр, слушали эту прекрасную оперу Чайковского.

26. Ответьте на вопросы, используя глаголы движения *ходить, ездить*.

1. Вы уже были на Пушкинской площади, видели памятник Пушкину? 2. Вы были в кинотеатре «Пушкинский»? Какой фильм вы там смотрели? 3. Вы были в музее Л. Н. Толстого в Хамовниках?[3] А в музее-усадьбе Льва Толстого в Ясной Поляне[4] были? 4. В каких московских театрах вы были? 5. Вы уже были на Новом Арбате в Доме книги? 6. — Сегодня вечером вы будете дома? 7. Вы давно были на каких-нибудь выставках? 8. Вы уже побывали в Коломенском?[5] В Царицыне?[6]

27. Передайте содержание предложений, используя глаголы движения.

Образец: | —Катя заболела и *несколько дней не была на работе*.
| —Катя *несколько дней не ходила на работу*.

1. Нас не было в городе, поэтому мы не были у них на свадьбе. 2. Ты говоришь, он жалуется на боли в желудке. А у врача он был? 3. Неужели, чтобы решить этот вопрос, нужно обращаться к самому ректору? 4. Я с удовольствием побывала бы на каком-нибудь хорошем концерте. 5. Вчера я встречал в аэропорту студентов из Китая и поэтому не был в университете.

---

[1] Музей имени Андрея Рублёва — Музей древнерусской живописи в Москве.
[2] Музей-усадьба «Абрамцево» — литературно-художественный музей в Подмосковье.
[3] Музей-усадьба Л.Н. Толстого в Хамовниках — дом в одном из районов Москвы, где жила семья Л.Н. Толстого.
[4] Ясная Поляна — усадьба Толстых, расположенная в 14 км от г. Тула. Здесь родился, жил и работал Л.Н. Толстой.
[5] Коломенское — историко-архитектурный и природно-ландшафтный музей-заповедник на территории Москвы.
[6] Царицыно — дворцово-парковый ансамбль на территории Москвы.

Глаголы движения в типовых ситуациях

Обозначение направления движения и места, где происходит движение

28. Прочитайте диалоги. Выясните, какие глаголы используются для обозначения движения общественного транспорта. Ответьте на вопросы к диалогам.

Идти*	Ходить

А. Прямой вопрос

1) Вчера я встретил друга. — Куда ты идёшь? — спросил я. — В библиотеку. А ты? — А я иду сдавать зачёт. 2) — Куда ты шёл утром, когда мы встретились? — Я шёл к врачу.	1) — Куда ты ходишь в свободное время? — В музеи, в театры, в гости. 2) — Куда вы будете ходить по вечерам? — В театры, на концерты, в гости. 3) — Куда вы чаще всего ходили по воскресеньям? — В театры и в гости. 4) — Куда вы ходили в это воскресенье? — В «Современник».

Б. Вопрос-предположение

1) — Нина, ты в библиотеку? — Да, я иду заниматься. 2) — Мы встретились с тобой сегодня утром, ты шёл к врачу? — Да, к зубному.	1) — Ты ходишь заниматься в библиотеку? — Нет, я занимаюсь дома. 2) — По вечерам вы, наверное, будете ходить в театры? — Наверное. 3) — Вечерами вы, наверное, чаще всего ходили в кино? — Нет, чаще всего мы ходили в гости. 4) — В это воскресенье вы опять ходили в театр? — Да, в «Современник».

* Глаголы *идти* и *ходить* в верхней строке таблицы обозначают соответствующие *группы глаголов*.

1. Когда происходит диалог А 1 (группа *идти*)? Почему глаголы употреблены в форме настоящего времени, хотя встреча произошла в прошлом?
2. Можно ли при встрече спросить: *Куда ты шёл вчера?* При каких условиях можно задать такой вопрос?
3. Что произойдёт, если из диалогов А3 и Б3 (группа *ходить*) убрать показатели повторяемости (лексические и грамматические): *чаще всего, по воскресеньям, в театры, вечерами?*

29. Представьте ситуацию в виде диалога.

Расскажите, где вы встретились с товарищем и перескажите ваш с ним разговор.

Используйте выражения: *по пути к метро, в коридоре общежития, в автобусе, у столовой, около книжного магазина.*

30. Побеседуем! В вопросах и ответах используйте глаголы движения.

Сообщите собеседнику, что вы его видели, и расскажите, где это было. Выясните, куда вы оба направлялись в тот момент.

31. Выясните:

1. В каких семинарах вы и ваш собеседник занимаетесь. 2. Какие лекции вы оба слушаете. 3. Где вы любите отдыхать зимой и летом. 4. Где вы проводите свободное время. 5. Где вы и ваш собеседник отдыхали во время каникул в этом году. 6. Где вы оба были вчера. 7. Что вы делали, когда у вас не было занятий.

32. Изучите таблицу. Сделайте вывод: сколько ответов можно дать на вопрос *Откуда ты идёшь? / Откуда вы идёте?* В каком случае возможен косвенный ответ (с указанием *куда ходил*)?

Идти	*Ходить*
А. Прямой вопрос	
1) — Откуда вы идёте? — С факультета. А вы? — А я иду от врача.	— Откуда вы идёте? — Я ходил на факультет, а вы? — А я ходил к врачу.
2) — Вчера мы видели вас в метро. Откуда вы ехали? — Я ехал из театра.	— Вчера мы видели вас в метро. Откуда вы ехали? — Я ездил в театр за билетами.

3) — Откуда ты едешь?
   — Я еду из дома.

Б. Вопрос-предположение

1) — Вы идёте из столовой? | — Вы идёте из столовой?
   — Да, из столовой. | — Да, мы ходили в столовую.

2) — Вчера мы видели вас в метро. Вы ехали из театра? | — Вчера мы видели вас в метро. Вы ехали из театра?
   — Нет, я ехал от друга. | — Нет, я ездил к другу.

33. Ответьте на вопросы по ситуации. Укажите возможные варианты и объясните свой выбор.

1. Вы были в библиотеке. По дороге домой вам встретился товарищ. Он спросил: «Откуда ты идёшь?» 2. Вы были дома. По дороге на занятия вы встретили товарища. Он спросил: «Откуда ты идёшь?»

34. Представьте ситуацию в виде диалога. Скажите, почему в репликах диалога-образца употреблены глаголы *ездила* и *еду*.

Вы встретили вашего товарища. Выясните, откуда и куда он направляется.

Используйте выражения: *по дороге на факультет, в вагоне метро, в лифте, у входа в общежитие, на улице, недалеко от аптеки.*

Образец: По дороге к метро я встретила Марию.
— Здравствуй, Мария! Откуда ты идёшь.
— Я ездила в центр, в книжный магазин.
— А я ходила на лекцию, а теперь еду навестить подругу, она болеет уже почти неделю.
— Передай ей от меня привет.

35. Представьте ситуацию в виде диалога. При ответе пользуйтесь схемой.

Вы сели в проходящий поезд Петрозаводск — Москва. Вашими соседками по купе оказались две подруги из Петрозаводска: они решили провести отпуск в Москве, а третья соседка, москвичка, возвращалась с конференции, которая проходила в Петербурге. Что они ответили на ваш вопрос: *Откуда вы едете?*

36. Проанализируйте примеры использования глаголов движения группы *ходить*, ответив на вопросы.

1) — Мне сказали, что вы по утрам бегаете. Где вы бегаете?
   — В парке. Я хожу бегать в парк.

2) — Где Мария?
   — Она катается на лыжах.
   — Где? Она мне очень нужна.
   — Она пошла кататься в наш парк.

3) — Зимой мы часто катались на лыжах.
   — Где же вы катались? В городе почти нет снега.
   — А мы ездили кататься за город.

4) Вчера мы долго бродили по вечернему городу.

5) Потом мы часа полтора ездили на машине — искали улицу, названия которой не знали, и дом, номер которого не помнили.

1. Какой тип движения представлен в примерах?
2. В каких диалогах говорится о повторяющемся движении? Что на это указывает?
3. Какую роль в этих диалогах выполняют «вспомогательные» глаголы: *хожу*, *пошла*, *ездила*? Какой тип движения ими обозначен?

37. Побеседуем! В вопросах и ответах используйте глаголы движения.

Вы знаете, что ваш собеседник регулярно: 1) плавает, 2) ездит на велосипеде, 3) катается на роликовых коньках, 4) бегает утром и вечером. Расспросите его и выясните, где он этим занимается.

38. Прочитайте диалоги об обстоятельствах *завершённого однонаправленного* (диалог 1) и *двунаправленного* (диалог 2) движения и ответьте на вопросы.

1) — Расскажите, как вы добирались до ваших друзей. Вы шли пешком или ехали на чём-нибудь?
— Мы, конечно, ехали: дорога дальняя.
— На чём?
— Кто на чём.
— А разве вы ехали не вместе?
— Нет. Я ехала на маршрутке, а Саша и Нина — на своей машине.
— Ехать на маршрутке тебе удобнее, чем на автобусе?
— Да, это быстрее, она идёт почти без остановок.
— А вы, Нина, как ехали: через центр или мимо вокзала по набережной?
— По набережной.
— А почему вы ехали этим путём?
— На набережной меньше машин, можно ехать быстрее.
— С какой скоростью вы ехали?
— 50–60 км/час.

2) — Недавно мы ходили в школу.
— В школу? Зачем?
— Мы ходили на экскурсию.
— Кто ходил?
— Стажёры и преподаватели.
— А в какую школу вы ходили?
— Это школа с математическим уклоном. Одна из лучших в Москве.
— Когда вы ходили? Давно?
— В прошлую среду.
— Ты первый раз ходил в московскую школу?
— Первый. Было очень интересно.
— И на уроках вы были?
— Да, мы ходили на два урока.
— А Саша и Нина тоже ходили?

— Конечно.

— А далеко эта школа? На чём вы ехали?

— Туда ехали на метро, а оттуда на автобусе. А Нина и Саша ездили в школу на своей машине.

1. Какие именно обстоятельства движения выясняются в диалогах?

2. Глаголы какой группы повторяются в репликах каждого из диалогов. Почему это происходит?

3. Почему в выделенных репликах собеседники, говоря о способе передвижения, переходят на глагол группы *идти*, а затем снова используют глагол группы *ходить*?

39. Побеседуем! В вопросах и ответах используйте глаголы движения.

1. На занятия пришли новые учащиеся из Японии, Финляндии и Италии. Познакомьтесь с ними и расспросите, как они добирались до Москвы.

2. Расскажите вашим новым друзьям о своей поездке в Москву и ответьте на их вопросы.

40. Представьте ситуации в виде диалогов.

1. *К вам пришли гости.* Они говорят, что вы живёте слишком далеко. Узнайте, как они добирались до вас, и сообщите им более удобный и быстрый путь.

2. *Ваш товарищ по группе был в Историческом музее в Москве.* Узнайте, когда и с кем он там был, на каком транспорте добирался до музея и как возвращался домой.

41. Побеседуем! В вопросах и ответах используйте глаголы движения.

1. Выясните, где ваши собеседники были на прошлой неделе и расспросите одного из них обо всех обстоятельствах его поездки (похода).

2. Выясните, где отдыхали ваши собеседники прошлым летом, расспросите одного из них об обстоятельствах его поездки и расскажите, где и как отдыхали вы сами.

42. Представьте ситуации в виде диалогов. Используйте выражения, указывающие на сходство (*ты… и я тоже*) и различие (*ты …, а я …*).

1. *Во время каникул вы были в Санкт-Петербурге.* Оказалось, что ваш собеседник тоже там был. Обменяйтесь впечатлениями, сравните обстоятельства вашей поездки: где побывал и что видел каждый из вас, остались ли вы оба довольны этой поездкой.

2. *Вы побывали в Кремле и на Красной площади.* Кто-то из ваших друзей тоже там был, а кто-то не был. Сравните ваши впечатления и расскажите об обстоятельствах поездки. Обменяйтесь советами: в каких интересных местах можно ещё побывать и что посмотреть.

43. Побеседуем! В вопросах и ответах используйте глаголы движения.

1. Узнайте, кто из ваших товарищей был в вашей стране. Расспросите об этой поездке.

2. Вы были в стране, откуда родом ваш собеседник. Расскажите ему о своей поездке и ответьте на его вопросы.

> **Использование глаголов группы *ходить*
> для обозначения занятости и причины**

44. Изучите примеры обязательного употребления глаголов группы *ходить*. Используя данные вопросы, обменяйтесь новостями с вашими товарищами.

Что вы делали вчера вечером?	— Ходили в кино.
Чем вы занимались в субботу?	— Ездили на дачу.
Чем вы были заняты утром?	— Ходили в супермаркет.
Как вы провели воскресенье?	— Мы ездили в Ясную Поляну.
Где вы отдыхали летом (провели лето)?	— Мы ездили на море.
Где вы были до обеда?	— Ходил на занятия.
Откуда вы идёте?	— Я ходил к приятелю.
Почему вас не было вчера на занятии?	— Я ездил в посольство.
Какие у вас новости? (Что нового у вас?)	— Мы ездили в Суздаль.

45. Представьте ситуацию в виде диалога.

Вы преподаватель, пришли на урок. Выясните, почему некоторые из ваших «учеников» не были вчера на занятиях, некоторые опоздали, а некоторые не выполнили домашнее задание. Узнайте, какими новостями хотят поделиться с вами ваши «ученики».

46. Расскажите о себе. Используйте глаголы группы *ходить*.

1. Чем вы занимались на прошлой неделе. 2. Как вы провели выходные?

РАБОТАЕМ САМОСТОЯТЕЛЬНО

1. Напишите рассказ о том, как вы ехали в Россию, как познакомились с новыми друзьями, как с вами знакомился преподаватель русского языка, какой разговор состоялся у вас с научным руководителем.

2. Напишите, как вы первый раз были в центре города. В рассказ включите диалоги.

● Глаголы движения в типовых ситуациях (продолжение):
  ☉ Ориентация на трассе однонаправленного движения.
  ☉ Характеристика однонаправленного движения по времени.
  ☉ Характеристика ненаправленного и двунаправленного движения по времени.

ПОВТОРЯЕМ

1. Побеседуем! В вопросах и ответах используйте глаголы движения.

Обменяйтесь новостями. Выясните, где каждый из ваших друзей побывал за неделю. В беседе используйте известные вам конструкции с глаголами движения.

2. Что можно сказать в следующих ситуациях?

1. Вчера была экскурсия в Музей А.П. Чехова. Почему вас не было на экскурсии: вы уже были в этом музее или вы были чем-то заняты? 2. Почему вас не было на уроке? 3. Почему вы не пришли на встречу с поэтами? 4. Почему вчера вы не занимались в библиотеке?

3. Что можно сказать в ситуации? Укажите возможные варианты.

Вам нужно доехать до площади Гагарина. Вы сели в автобус, маршрута которого не знаете. С каким вопросом вы обратитесь к пассажирам?

4. Расскажите о себе. Используйте глаголы движения.

1. Кто из вас уже был в России? 2. В каких русских городах вы были? 3. Какие русские города вы хотите посмотреть? 4. Что вы хотите увидеть в России? 5. Какие музеи вас особенно интересуют? 6. В каком из музеев вы ещё не были и хотите в нём побывать? 7. Какие театры вы знаете, в каких из них вы уже были? 8. Какие спектакли вы смотрели? 9. С кем вы бываете в театре — с друзьями, родственниками, коллегами или ходите один (одна)? 10. Если бы вам предложили билеты в оперу и на балет, что бы вы выбрали?

5. Прочитайте тексты, восстанавливая пропущенные глаголы движения. Укажите возможные варианты.

По дороге к метро

После занятий я решил (а) поехать в центр, в книжный магазин. Когда я . . . к метро, я встретил (а) друга.

— Он . . . очень быстро, спешил, но я его остановил (а) на минутку.

— Привет! — сказал (а) я. — Куда это ты . . . ?

— Я . . . на урок, почти опаздываю, поэтому и . . . .

— А почему ты . . . не из общежития, а от метро? Откуда ты . . . ?

— Я . . . в город, в Музей Чехова. Мы . . . на экскурсию. Я уже два раза был там.

— Я тоже хочу . . . в этот музей. Расскажи, как вы туда . . . ?

— До метро . . . пешком, потом до «Парка культуры» . . . на метро, а оттуда до самого музея . . . на троллейбусе.

— Кто . . . с тобой?

— Ты никого не знаешь. А куда ты сам . . . ? Ты . . . сегодня на семинар по глаголам движения?

— Да, я как раз . . . с семинара и . . . на Новый Арбат в Дом книги.

— Ты . . . на метро?

— Конечно.

— Ну, удачно тебе съездить. Я должен . . . , а то я совсем опоздаю.

Мы будем на одном семинаре

— Вы только что приехали в Россию? Давайте познакомимся. Откуда вы . . . ?

— Я . . . из Италии, из Флоренции.

— О, Флоренция! В прошлом году я . . . в Италию, но во Флоренции, к сожалению, не был (а). А как вы добирались сюда? Вы . . . на поезде или . . . самолётом?

— Я . . . поездом.

— Через какие страны и города вы . . . ?

— Я . . . через . . . .

— Вы стажёр?

— Да, я . . . на стажировку.

— Надолго?

— На пять месяцев.

— Вы будете заниматься русским языком?

— Да, я . . . на практические занятия.

— А на семинары вы записались?

— Да, я . . . на семинар по глаголам движения. На одно занятие я уже . . . .

— А почему вас не было вчера?

— Я . . . в это время в поликлинику. А вы тоже . . . на этот семинар?

— Да, ... Вернее, вчера . . . первый раз.

— Значит, . . . вместе.

6. На какие вопросы можно получить такие ответы? Укажите возможные варианты.

1. Мы были в столовой. 2. На факультет. 3. Обычно я хожу в наш читальный зал. 4. Мы часто бывали в театрах. 5. С друзьями. 6. Чтобы узнать, когда будет экзамен. 7. Мы шли пешком. 8. Нет, один, жена оставалась дома. 9. Нет, я всю неделю нигде не был(а). 10. Через Польшу и Белоруссию. 11. Нет, почти без остановок. 12. Нет, с пересадкой. 13. Мы ходили в гости. 14. Я ходил(а) к врачу.

7. Ответьте на вопросы, используя глаголы движения. Укажите возможные варианты.

1. Откуда вы едете? 2. Почему вас не было на вечере? 3. Какие у вас новости? 4. Как вы провели воскресенье? 5. Кто был с вами? 6. Вы сегодня были на семинаре? 7. Куда вы направляетесь? 8. Вы в гости? 9. Вы с экскурсии? 10. Вы уже видели новый фильм? 11. Вы встретились в лифте? 12. Какое движение на этой улице?

8. Восстановите пропущенные глаголы движения.

За городом

— В субботу я был (а) за городом.

— . . . ?

— На дачу к друзьям. Это недалеко от Москвы.

— . . . ?

— На электричке. Я не люблю автобусы.

— . . . ?

— Нет, с семьей.

— . . . ?

— Да, мы были в лесу и на озере.

—...?

—Конечно, за грибами. Даже набрали немножко.

—...?

—Да, я действительно люблю лес и люблю собирать грибы.

—...?

—Нет, пешком до озера далеко. Но у друзей есть велосипеды.

—...?

—Неплохо. Когда-то даже принимал (а) участие в соревнованиях, был (а) неплохим велосипедистом.

—...?

—На лодке? Конечно. Хотя озеро не такое большое.

—...?

—Нет, домой мы возвращались с друзьями на их машине.

Разговор в вестибюле

—Здравствуй!

—Привет! ...?

—В читальный зал заниматься.

—...?

—Я был (а) в театре.

—...?

—В «Современник».

—...?

—Нет, с Марией.

—...?

—Мы смотрели спектакль по пьесе современного драматурга.

—...?

—Нет, я уже видел (а) там несколько спектаклей.

—...?

—На метро до станции «Чистые пруды», а там пешком до театра. Ну, мне пора идти. До свидания!

В автобусе

Я возвращался (-лась) на автобусе в общежитие и вдруг увидел (а) соседа по этажу. Мы поздоровались.

—...? — спросил он.

—.... А ты?

— Моему другу сегодня исполнилось 20 лет. Я . . . его поздравлять.

— Потом мы разговорились о новостях.

— На Кузнецком Мосту открылась выставка московских художников. Ты . . . ? — спросил он.

— Конечно.

— . . . ?

— Во вторник.

— Один? (Одна?)

— Нет, со мной . . . мои друзья.

— Вам понравилась выставка? По-моему, в этом году она интереснее, чем в прошлом. Что ты думаешь?

— Не могу сказать: в прошлом году я не . . . на выставку.

— А почему? Ты где-нибудь отдыхал (а) в это время?

— Да, я . . . отдыхать.

— Куда?

— Обычно я . . . на море, а в прошлом году . . . на Волгу.

— Прости, я перебью тебя. Где мы . . . ? Скоро будет наша остановка? Мы не проедем?

— Нет, ещё далеко. Сейчас будет «Аптека». Посмотри скорее в окно! Видел? Дима . . . .

— Дима? Куда это он . . . ?

— Он собирался в гости. Да, ты знаешь, Мария была на родине. Вчера только вернулась.

— Зачем она . . . ?

— Её сестра выходила замуж, и она . . . на свадьбу. Мы, кажется, . . . , следующая остановка наша. Извините, вы будете выходить на следующей? Нет? Тогда разрешите, мы пройдём. А вы, девушка, выходите сейчас? Тоже нет? Тогда давайте поменяемся местами.

Мы вышли и . . . к общежитию.

Разговор на остановке

— Ты знаешь, вчера я купил лыжи.

— Ты умеешь . . . ?

— Нет, но я хочу научиться. Говорят, это нетрудно. Выпадет снег, и я . . . .

— . . . ?

— Сначала в парке около общежития, а потом каждую субботу . . .
за город. Мой товарищ обещал мне, что . . . вместе со мной. Очень
приятно . . . по лыжне за товарищем.

— По лыжне? А что такое лыжня?

— Там, где . . . лыжник, остаётся след. Это и есть лыжня.

— Ты так говоришь, как будто всю жизнь . . . на лыжах. Желаю тебе
успеха!

— Спасибо. Да, а где же наш автобус?

— А вон уже . . . !

9. Подумайте и скажите, кто дал более определённый ответ. Объясните,
почему вы так считаете.

Двум друзьям — Игорю и Сергею — был задан один и тот же вопрос:
Когда вы познакомились? Игорь сказал: «Мы познакомились, когда ехали
в Воронеж на конференцию». А Сергей ответил по-другому: «Когда ездили
в Воронеж на конференцию».

10. Передайте содержание предложений, используя глаголы движения.

1. Мы проезжали Тверь по дороге в Санкт-Петербург. 2. Когда экскурсовод рассказал вам историю города Ярославля — уже в Ярославле или ещё
по дороге в Ярославль? 3. Он показал мне фотографии своей семьи, когда
мы были на экскурсии во Владимире, точнее, когда мы возвращались из
Владимира в Москву. 4. Мы видели памятник Маяковскому, когда были в
Театре сатиры. 5. Моя подруга купила этот сувенир, когда была в Ростове.
6. Мы слышали эту симфонию, когда были на концерте в зале имени
П.И. Чайковского. 7. Я не помню, когда мы зашли к Наташе — по дороге в
музей или на обратном пути.

11. Ответьте на вопросы по образцу.

Образец: | — Когда вы вспомнили о телеграмме?
| — Когда *ехал(а)* с работы.

1. Когда вы встретили вашего научного руководителя? 2. Когда вы обра-
тили внимание на объявление о встрече выпускников факультета? 3. Когда
вы обо всём договорились с другом? 4. Когда она рассказала вам, что было
на семинаре? 5. Когда вы зашли в фотоателье, чтобы получить фотографии? 6. Когда вы проезжали мимо памятника Юрию Гагарину? 7. Когда она
обнаружила, что забыла взять конспекты?

Глаголы движения в типовых ситуациях
(продолжение)

Ориентация на трассе однонаправленного движения

12. Прочитайте диалоги и определите, какие глаголы (и в каком времени) используются при ориентации на трассе однонаправленного движения.

1) — Где мы едем? / Мы не проехали (не проедем) нашу остановку? / Какая сейчас будет остановка?

— Мы проехали метро и уже подъезжаем к Детскому музыкальному театру. Там нам выходить.

2) — Стадион мы уже проехали. Теперь скоро будет университет?

— Да, мы подъезжаем к университету.

3) — По какой улице мы идём?

— Это Малая Никитская. Мы подходим к консерватории.

13. Подумайте и ответьте.

1. Сравните вопросы: *Куда мы едем?* и *Где мы едем?* Есть ли между ними разница? Что хотят узнать, задавая эти вопросы?

2. Какие вопросы — кроме *Где мы идём (едем)?* — могут быть заданы для ориентации на трассе? Сформулируйте их.

14. Представьте ситуации в виде диалогов. Используйте глаголы движения *проезжать, подъехать, приехать.* При ответе пользуйтесь схемой.

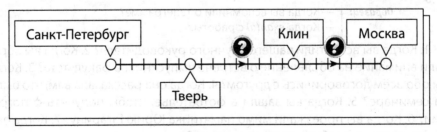

1. В поезде Санкт-Петербург — Москва между городами Тверь и Клин нетерпеливый пассажир выясняет у своих спутников, где в этот момент они находятся.

2. Через некоторое время, уже после Клина, пассажир снова старается сориентироваться, узнать, скоро ли будет Москва.

Характеристика однонаправленного движения по времени

15. Рассмотрите рисунки. Кружком (⊗) обозначено место, где находится говорящий, пунктиром обозначен предстоящий путь, сплошной линией — проделанный путь.

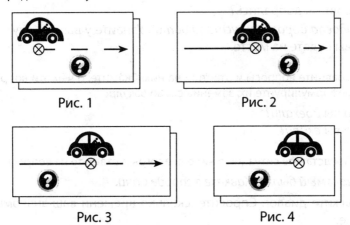

Рис. 1   Рис. 2

Рис. 3   Рис. 4

Сформулируйте вопросы, чтобы узнать: 1) сколько времени потребуется на всю дорогу (рис. 1); 2) сколько времени потребуется на оставшуюся часть пути, и скоро ли вы будете на месте (рис. 2); 3) сколько времени вы уже в пути (рис. 3); 4) сколько всего времени вы были в пути / за какое время проделали весь путь (рис. 4).

16. Представьте ситуации в виде диалогов.

1. *Сообщите собеседнику, куда вы едете завтра.* Спросите, сколько времени вам потребуется на дорогу.

2. *Начались каникулы.* Ваш собеседник едет домой. Спросите, каким транспортом он воспользуется и сколько времени будет в пути.

3. *Вы в транспорте* (*едете, летите, плывёте*). Узнайте у вашего спутника, сколько времени вы уже находитесь в пути (у вас нет часов или вы не заметили, когда отправились).

4. *Вы в дороге.* Скажите вашему спутнику, сколько времени вы находитесь в пути, и узнайте, сколько времени займёт оставшаяся часть дороги (сколько времени ещё потребуется).

5. *Вы в транспорте* (*поезде, самолёте, автобусе*). Узнайте у проводника (кондуктора, стюардессы, водителя, вашего соседа), когда вы прибудете на место.

6. *Вы прибыли на место.* Напомните вашему спутнику, что он говорил о времени, которое потребуется на дорогу, и сообщите ему, сколько времени вы потратили в действительности. Поинтересуйтесь его *мнением*: быстро ли вы добрались?

7. *Вам надоела дорога* (*вы устали идти*). Узнайте у вашего спутника, скоро ли вы будете на месте.

17. Сравните вопросы и ответьте на них. Скажите, о чём эти вопросы, и переформулируйте их, заменив слово *быстро*.

Быстро вы *доехали*?
Быстро вы *ехали*?

18. Представьте ситуации в виде диалогов и ответьте на вопросы.

Ваш знакомый был на Кавказе в городе Сочи.

1. Продолжите диалог. Спросите, сколько времени ваш знакомый был в поездке.

Вы: — Какие новости?
Он: — Недавно я ездил в…
Вы: — …?

2. Вы спросили, сколько времени ваш знакомый был в поездке. Свой ответ он начал так:

— Ехал я на неделю …

В этот момент звонок телефона прервал его, и он стал говорить по телефону. Как вы считаете, успел ваш знакомый ответить на ваш вопрос или нет? Что он всё-таки успел вам сообщить? Как, по-вашему, должна звучать его ответная реплика?

19. Подумайте и ответьте.

Ваш знакомый был во Владивостоке. Ехал он и туда и обратно поездом. На вопрос: *На сколько дней ты ездил?* — ваш знакомый ответил: *На десять дней.* Входит ли в эти десять дней время, которое он провёл в поезде?

20. Побеседуем! В вопросах и ответах используйте глаголы движения.

Закончились каникулы. В беседе с друзьями выясните, где и сколько времени провёл каждый из вас.

> **Характеристика ненаправленного и двунаправленного движения по времени**

21. Рассмотрите ситуацию. Какие вопросы могут быть заданы до начала, спустя некоторое время и в конце вашей прогулки, чтобы определить: 1) какое время будет потрачено; 2) какое время уже потрачено; 3) какое время ещё будет потрачено; 4) как долго продолжалось катание? Сделайте вывод: как характеризуется ненаправленное движение по его продолжительности? Формулируя последний вопрос и ответ на него, используйте глаголы *несовершенного* и *совершенного* вида.

Вы с друзьями собираетесь кататься на лыжах.

22. Сравните предложения. Одинаковы ли они по значению? В каких ситуациях можно задать такие вопросы?

Сколько времени *мы будем кататься?*
Сколько времени *нам кататься?*

23. Побеседуем! В вопросах и ответах используйте глаголы движения.

В воскресенье вы и ваши друзья отдыхали по-разному и в разных местах: в парке, в лесу, на стадионе, в зоопарке, в ботаническом саду, в музее, осматривали город, катались на велосипедах и так далее. Выясните, как и сколько времени отдыхал каждый из вас.

24. Что можно сказать в следующих ситуациях?

1. Вы с друзьями гуляете по городу. Вдруг вы замечаете, что ваши друзья устали. Узнайте у них, сколько времени продолжается ваша прогулка и хотят ли ваши друзья продолжить её сегодня.

2. Вы с товарищем возвращаетесь с прогулки (*вы были в музее, театре, бродили по городу, посетили выставку, делали покупки в магазинах*). Напомните ему, сколько времени вы собирались потратить, и сообщите, сколько потратили в действительности.

25. Познакомьтесь с описанием ситуации и ответьте на вопросы.

Ваши товарищи ходили в магазин. Вернувшись, они поинтересовались вашим мнением: долго ли их не было или они вернулись очень быстро.

1. Какие вопросы могут быть заданы вам? Какие ответы вы дадите?
2. Какое время указывается в репликах вашего диалога?
3. Какой тип движения рассматривается в задании?

26. Что можно сказать в следующих ситуациях? При ответах используйте глаголы совершенного и несовершенного вида.

1. Вы ходили в библиотеку сдавать книги. По дороге вы встретили однокурсника и немного поговорили с ним. Вашим знакомым пришлось долго ждать вашего возвращения. Что они сказали вам по этому поводу?
2. Вы поехали на вокзал за билетами, думали, что поездка займёт не так много времени, а оказалось — она заняла более двух часов. Как вы сказали об этом друзьям?

РАБОТАЕМ САМОСТОЯТЕЛЬНО

Напишите рассказ о том, как вы провели выходной день. Используйте все известные вам случаи употребления глаголов движения.

ЗАНЯТИЕ 4

● Глаголы движения в типовых ситуациях (продолжение):
  ⊙ Характеристика движения по расстоянию.
  ⊙ Обозначение местоположения по отношению к движущемуся субъекту.
  ⊙ Обозначение: появления ожидаемого субъекта; движения к наблюдателю или от него; выхода субъекта из поля зрения наблюдателя; движения, которое реально не наблюдалось.
  ⊙ Глаголы движения в вопросительных предложениях со словом *как*.

ПОВТОРЯЕМ

 1. Ответьте на вопросы.

1. Вас не было на прошлом занятии. Вы были больны? 2. Некоторые из вас не были на выставке. Почему вы не пошли? 3. Мы заходили к вам вчера. Вас не было дома. Где вы были?

 2. Представьте ситуацию в виде диалога.

Вы едете в автобусе. На одной из остановок в автобус садятся ваши знакомые. Вы разговариваете и не следите за остановками. В какой-то момент вы испугались, что пропустите вашу остановку и задаёте вопрос, чтобы выяснить, где вы находитесь и скоро ли вам выходить. Что вам отвечают ваши спутники?

3. Расскажите, где вы были в выходной день и ответьте на вопросы.

1. Сколько времени вы потратили на дорогу (туда, обратно, всего)? 2. Каким видом транспорта вы пользовались? 3. Пришлось ли вам делать пересадку? 4. Сколько времени вы собирались пробыть там, куда направлялись, и сколько там были?

4. Придумайте вопросы по ситуации.

Мы направляемся в музей-усадьбу «Архангельское»[7]. Вот мы сели в экскурсионный автобус и поехали. Какие вопросы о времени вы можете задать в течение поездки и в конце её?

5. Сравните предложения, ответив на вопросы.

Мы *доехали* быстро.
Врач *приехал* быстро.

1. Почему в предложениях использованы разные глаголы движения?
2. Как будут звучать предложения, если вместо слова *быстро* указать конкретный отрезок времени, например 20 минут?

6. Ответьте на вопросы.

1. Мне сказали, что вы были в Петербурге. Это правда? 2. Долго вы там были? 3. А сколько дней вы собирались там пробыть? 4. Как вы возвращались: на поезде или на самолёте? 5. Кто были ваши соседи по купе? 6. Вы впервые были в Петербурге? 7. Вы были в Эрмитаже? 8. Сколько времени вы там провели? 9. Какие ещё музеи вы видели? 10. Вы были в каком-нибудь петербургском театре? 11. А в пригородах Петербурга вы были? 12. Как вы туда добирались? 13. Что вы делали по вечерам? 14. Где вы обедали? 15. Кто из вашей группы был вместе с вами? 16. Вы довольны поездкой?

7. На какие вопросы можно получить такие ответы? Укажите возможные варианты.

Образец: | — Мы идём из университета.
| — Откуда вы идёте? / Куда вы ходили?

1. Мы были на лекции по истории России. 2. Мы ездили за город. 3. Мы доехали за полчаса. 4. Нет, ещё минут десять. 5. Скоро будем на месте. 6. Уже полчаса. 7. Через пять минут. 8. 80 км/ч. 9. Нет, всего на пять дней. 10. Мне нужно купить овощей. 11. Только что была остановка «Школа». 12. По проспекту Вернадского. 13. За час доедете. 14. Нет, мы ехали на трамвае. 15. Да, вместе. 16. В 22 часа 40 минут. 17. За час.

---

[7] Музей-усадьба «Архангельское» – дворцово-парковый ансамбль в северо-западном Подмосковье, в 20 км от Москвы.

8. Ответьте на вопросы, используя глаголы движения.

Образец: — Вы в аптеку?
— Да, иду за лекарством.

1. Вы из центра? 2. Где вы вчера занимались, дома? 3. Когда и где вы встретились с Мишей? 4. Когда вы были на репетиции? 5. Какие у вас новости? 6. Почему вы отказались пойти в кино? 7. Почему вы не пришли на экзамен? 8. Вы говорили, что пробудете в Киеве неделю?

9. Прочитайте текст, восстанавливая пропущенные глаголы движения.

Экскурсия в школу

— Что нового?
— Вчера мы . . . на экскурсию в школу.
— В какую школу вы . . . ?
— В 145-ю.
— Это далеко?
— Нет, не очень.
— Вы . . . или . . . ?
— Туда . . . на трамвае, а обратно . . . пешком. Сначала я не знал, далеко ли до школы. Поэтому я спросил у преподавателя: «Скажите, а далеко нам ехать?» Она ответила, что . . . недалеко, всего три остановки, и что мы . . . за 5–7 минут.

Когда мы проехали две остановки, кто-то спросил:
— Скоро мы . . . ? Долго нам ещё . . . ?
— Сейчас . . . , мы уже . . . , — ответила преподаватель, — следующая остановка наша.

Когда трамвай остановился, она сказала:
— Мы . . . . Выходите!

А потом она спросила у меня:
— Вы не заметили, сколько мы . . . ?
— Заметил. Мы . . . за 7 минут.

Возвращались мы пешком. Не спешили, . . . медленно, поэтому . . . почти полчаса. Но вообще оттуда можно . . . за 15 минут.

— Сколько времени вы провели в школе?
— Мы . . . на два урока, но пробыли три с половиной часа. Посмотрели три урока, поговорили с детьми и учителями. Было интересно.

Глаголы движения в типовых ситуациях (продолжение)

Характеристика движения по расстоянию

10. Прочитайте и перескажите текст. Скажите, что хотел узнать путник. Как он сформулировал свой вопрос? Почему Эзоп указал не расстояние, а время?

Эзоп и путник

Однажды Эзоп встретил в поле человека.

— Далеко идти до ближайшей деревни? — спросил человек.

— Иди, — сказал ему Эзоп.

— Я и сам знаю, что нужно идти, но скажи мне, когда я приду на место.

— Иди, — опять сказал Эзоп.

— «Наверное, это сумасшедший», — подумал путник и пошёл дальше.

Через несколько минут Эзоп крикнул ему:

— Ты придёшь через два часа.

— Почему же ты сразу не ответил на мой вопрос? — удивился путник.

— Потому что я не знал, как ты ходишь.

11. Рассмотрите рисунки. Кружком (⊗) обозначено место, где находится говорящий, пунктиром обозначен предстоящий путь, сплошной линией — проделанный путь.

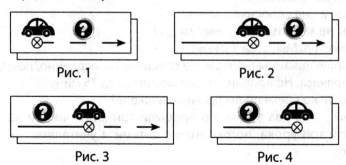

Рис. 1   Рис. 2

Рис. 3   Рис. 4

Представьте себе, что вы:

1) едете городским транспортом (автобус, троллейбус) на стадион;
2) едете на машине к друзьям на дачу.

Сформулируйте вопросы о расстоянии до начала пути, в середине пути и в конце пути, чтобы узнать: 1) обо всём расстоянии (рис. 1); 2) о расстоянии, которое осталось преодолеть (рис. 2); 3) о расстоянии, которое уже преодолено (рис. 3); 4) обо всём расстоянии, которое вы преодолели (рис. 4).

12. Ответьте на вопросы.

1. Далеко от вашего общежития до факультета? 2. Далеко от университета до метро? 3. Вы живёте далеко от метро? 4. Магазины далеко от вашего дома? 5. От вашего дома до работы далеко?

13. По рисункам 3 и 4 из задания **11** постройте диалоги о потраченном времени и преодолённом расстоянии в середине и в конце пути. Представьте, что вы: 1) едете на автобусе; 2) едете на машине; 3) идёте пешком.

14. Представьте ситуацию в виде диалога.

Вы путешествуете. Скажите, куда вы направляетесь, и назовите вид транспорта. С вами три спутника. Первый хочет узнать, какая часть пути уже проделана и какая осталась. Второго интересует, сколько времени вы уже в пути и какое расстояние за это время преодолели. А третьему интересно, сколько времени вы ещё будете в пути и какое расстояние отделяет вас от цели.

15. Какие вопросы можно задать в ситуациях? Укажите возможные варианты.

1. Студенты прошли на лыжах от города Н. до Москвы. Узнайте, сколько времени они были в пути и какова длина их маршрута.

2. Ваш собеседник ездил на своей машине к морю. Узнайте, как долго он был в пути и какое расстояние преодолел.

3. Ваши друзья гуляли по центру города. Узнайте, сколько времени продолжалась их прогулка и сколько километров составил их путь.

16. Пользуясь фрагментом схемы города Москвы, ответьте на вопросы. Используйте конструкции: *если идти…, то…; если вы пойдёте…, то…; если будете идти…, то…* .

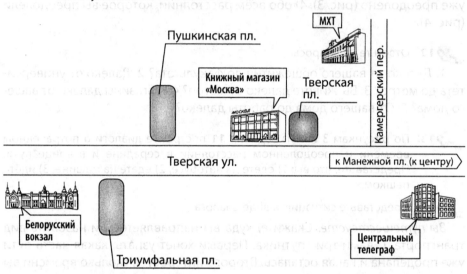

1. Вы поедете от Белорусского вокзала к центру (к Манежной площади). В какой последовательности вы увидите Пушкинскую, Триумфальную и Тверскую площади? 2. Мы поедем по Тверской улице к центру. Я хочу увидеть памятники Пушкину, Маяковскому и Юрию Долгорукому. На какой стороне улицы находятся эти памятники — справа или слева? В какую сторону нужно смотреть? 3. Мы пойдём по Тверской улице от Манежной площади. На какой стороне Тверской улицы мы увидим Центральный телеграф? 4. Мне посоветовали побывать в книжном магазине «Москва» на Тверской улице. Я пойду от Тверской площади по правой стороне. Мне нужно будет переходить улицу? 5. Я купил билеты в Московский Художественный театр имени А.П. Чехова (МХТ). На билете есть адрес театра: Камергерский переулок, дом 3. А где это?

> **Обозначение: появления ожидаемого субъекта; движения к наблюдателю или от него; выхода субъекта из поля зрения наблюдателя; движения, которое реально не наблюдалось**

17. Изучите таблицу и ответьте на вопросы.

Идти	Ходить
1) — Вот так всегда: когда спешишь, автобуса не дождёшься. — Идёт, наконец-то. — Где же Нина? Мы можем так опоздать в театр. — Не волнуйся, идёт Нина.	
2) — Слышишь, сюда кто-то идёт. — Смотри, Катя пошла куда-то.	— Смотри, на стадионе наши ребята бегают. — Смотри, сколько чаек летает над озером.
3) — А вот Алёша идёт с кем-то. — Где, где? Я не вижу. — Уже прошёл.	— Какая красивая бабочка летает! — Где, покажи! — Уже улетела.
4) — Смотри, лыжный след. — Да, кто-то прошёл на лыжах.	— По-моему, до нас здесь уже были грибники. — Да, здесь уже ходили, по следам видно.

1. Какой тип движения представлен в диалогах левой и правой части таблицы?

2. Какими формами глагола сообщается:

   а) о *появлении ожидаемого лица или предмета* в поле зрения наблюдателя?

   б) о *движении в сторону говорящего* (сюда, к нам) и в *сторону от говорящего* (отсюда, от нас), т. е. о приближении и об удалении?

в) о *наблюдаемом ненаправленном движении*?

г) о *ненаблюдавшемся однонаправленном* и *ненаправленном* движении?

3. Какие приставочные глаголы сообщают о *выходе лица или предмета из поля зрения* говорящего (наблюдателя) в случаях однонаправленного и ненаправленного движения?

18. Сравните предложения и скажите, о чём в них сообщается. Используя эти конструкции как образец, закончите предложения.

Автобус *идёт*!
Автобус *подходит*!

1) — Долго нам ещё ждать электричку? — Нет, электричка уже ...!
2) — Приготовьтесь к посадке: электричка ...!

19. Что вы скажете, чтобы обратить внимание собеседников на движение или движущийся объект?

1. *Вы услышали*: 1) шум приближающегося поезда; 2) приближающиеся голоса; 3) удаляющиеся шаги.

2. *Вы увидели*: 1) приближающегося почтальона; 2) удаляющуюся машину «Скорой помощи»; 3) приближающегося контролёра.

20. Восстановите пропущенные глаголы движения.

1. — Где, ты говоришь, мальчишки бегают? — Уже ....

2. — Какой-то молодой человек ходил около нашего подъезда. Посмотри, он всё ещё ходит? — Нет, уже ....

3. — Смотри, какая необычная машина едет. — Где, я не вижу никакой машины. — Уже ....

4. — Хочешь посмотреть: Нина с какой-то незнакомой девушкой идёт. — Конечно, хочу. Ну, где же они? — Уже ....

5. — По-моему, к тебе идёт Юра. — Где ты его видишь? — Уже ..., иди открывай и встречай гостя.

6. — Посмотри в окно: ребятишки ещё катаются во дворе на роликах? — Да нет, уже ....

7. — Кого ты там увидел? — Соседка куда-то ..., она, кажется, собиралась в магазин.

Глаголы движения в вопросительных предложениях со словом как

21. Изучите таблицу и ответьте на вопросы.

Идти	Ходить
1) —Как вы ехали?	—Как вы доехали?
2) —(А) как туда ехать?	—Как доехать до … (театра)? —Как пройти … (к директору, в отдел редкой книги, к метро)? —Как проехать к автовокзалу (стадиону)?
3)	—Как мы поедем? —Как вы поедете?
4) —Как вы ездите (едете) на работу?	
5)	—Как вы съездили… (в Петербург, за город)? —Как вы сходили… (вчера в театр, за грибами)?

1. Сравните вопросы из первой строки таблицы. В чём их сходство? Что нужно сообщить в ответе — *обстоятельства движения* (вид транспорта, маршрут и так далее) или что-то другое?

2. Укажите варианты вопроса *Как вы ехали?*, уточняющие, что именно вас интересует: вид транспорта, маршрут, наличие или отсутствие остановок и пересадок.

22. Представьте ситуации в виде диалогов.

1. *Вы приехали в Москву.* Устроились в гостинице (в общежитии) и позвонили домой.

2. *Накануне вы были у приятеля на даче.* Как только вы уехали, началась гроза. Утром приятель позвонил вам.

3. *Вчера вы с другом были в театре.* Ваш друг живёт недалеко от театра, а вы — за городом. Вы простились у театра, а сегодня встретились в университете.

23. Прочитайте вопросы из второй строки таблицы к заданию **21**. Подумайте и скажите: что хотят узнать, задавая эти вопросы, а также в какой ситуации их задают?

24. Проанализируйте варианты ответов на вопрос *Как доехать до…?* и определите, какие формы глагола при этом используются.

— *Скажите, как мне доехать до Музея А.П. Чехова?*

— Вам нужно дойти до метро и доехать до станции «Парк культуры». Там перейти на кольцевую линию и доехать до «Краснопресненской». Не выходя из метро, перейти на станцию «Баррикадная» и выйти на улицу в сторону Садового кольца. От метро нужно пройти до Садового кольца и перейти на другую его сторону. Адрес музея — Садовая-Кудринская, 6. Там спро́сите.

— А по-моему, лучше ехать по-другому. Дойдёте до метро и на метро доедете до «Парка культуры». Там выйдете из метро и перейдёте Садовое кольцо. Сядете на 10-й троллейбус и доедете до Садовой-Кудринской, то есть прямо до музея.

25. Расскажите, как от главного здания МГУ[8] доехать до указанных пунктов. Используйте информацию о проезде и адресе.

1. Музей-усадьба Л.Н. Толстого в Хамовниках
   Проезд: метро, станция «Парк культуры». *Адрес*: улица Льва Толстого, 21.
2. Музей изобразительных искусств им. А.С. Пушкина
   Проезд: метро, станция «Кропоткинская». *Адрес*: улица Волхонка, 12.
3. Третьяковская галерея
   Проезд: метро, станция «Чистые пруды», переход на станцию «Тургеневская», проезд до станции «Третьяковская», далее пешком. *Адрес*: Лаврушинский переулок, 10.
   Или: автобус 111 до остановки «Кинотеатр "Ударник"», далее пешком по Кадашевской набережной до Лаврушинского переулка.

26. Расскажите, в каком музее, театре, концертном зале вы были и как вы туда добирались. В своём рассказе используйте глаголы движения.

---

[8] Главное здание Московского государственного университета (МГУ) находится в Москве на Воробьёвых горах, станция метро «Университет».

27. Проанализируйте предложения и скажите: в каких ситуациях могут быть заданы вопросы *Как пройти? / Как проехать?* В чём их отличие от вопросов *Как дойти? / Как доехать?* Можно ли заменить глаголы *пройти/проехать* глаголами *дойти/доехать?*

1. *В музее:* 1) — Скажите, пожалуйста, как пройти в зал И.Е. Репина? 2) — Скажите, как пройти к выходу?

2. *На улице идёт ремонт, проезд закрыт. Водитель спрашивает:* 1) — Простите, вы не скажете, как нам проехать к вокзалу? 2) — Нам сказали, что спортивный магазин где-то рядом с метро. Вы не скажете, как нам проехать к этому магазину?

28. Сравните диалоги. Одинаковы ли ситуации употребления вопросов *Как доехать до...?* и *Как туда (к вам, к нему) ехать?*

1) — Вчера мы ездили в Дом-музей П.И. Чайковского. Вы там ещё не были?
— Нет. *А как туда ехать?*
— На метро до Ленинградского вокзала, а оттуда на электричке до Клина.

2) — Хотите послушать музыку Чайковского? У меня есть хорошие записи. Приезжайте!
— Спасибо. *А как к вам ехать?*
— На метро доедете до проспекта Вернадского, пересядете на автобус и доедете до меня. Это пятая остановка. Адрес вы знаете.

3) — Вы уже были в Абрамцево?
— Нет. Это под Москвой?
— Да, там прекрасный музей. В Абрамцево бывали, жили и работали известнейшие русские художники и писатели. Вам будет интересно.
— *А как доехать до Абрамцево?*

29. Представьте ситуации в виде диалогов.

1. *На днях вы были на экскурсии в усадьбе Кусково*[9]. Расскажите товарищу об этой усадьбе и посоветуйте ему там побывать. Что скажет ваш товарищ, если захочет последовать вашему совету?

2. *В город, где вы учитесь, с группой туристов приехал ваш друг. Он остановился в гостинице и позвонил вам. Вы пригласили его к себе в гости. Что он ответил?*

---

[9] Музей-усадьба Кусково (XVIII в.) — архитектурно-парковый комплекс в юго-восточной части Москвы.

30. Придумайте вопросы по ситуации. Используйте глаголы движения.

1. Вы находитесь в Санкт-Петербурге. Вы пришли в Эрмитаж, чтобы увидеть работы Рафаэля. Спросите дежурного, как попасть в нужный вам зал.

2. Вы решили побывать в Петергофе. Спросите у собеседников, как туда добраться.

3. Вы в Царском Селе (город Пушкин). Вы хотите увидеть памятник Пушкину-лицеисту. Спросите у прохожего, где находится памятник.

31. Сравните вопросы из третьей строки таблицы к заданию **21**. Совпадают ли цели этих вопросов? Опишите ситуации, в которых вы их зададите. Приведите примеры.

32. Представьте ситуации в виде диалогов.

1. Ваш товарищ на несколько дней едет домой.

2. Ваш сосед собрался в Третьяковскую галерею.

33. Представьте ситуации в виде диалогов. Используйте вопросительные предложения со словом *как*.

1. *Ваша группа вместе с преподавателем идёт в Литературный музей.* Вы там ни разу не были. Узнайте у преподавателя, как вы будете туда добираться.

2. *Сегодня вы с друзьями идёте на балет в Кремлёвский дворец.* Вы договорились ехать вместе. Обсудите, как вам лучше добираться.

34. Ответьте на вопрос из четвёртой строки таблицы к заданию **21**. Можно ли использовать в этом вопросе глагол группы *ходить*? Объясните почему. На что дополнительно указывает глагол группы *ходить*?

35. Побеседуем! В вопросах и ответах используйте глаголы движения.

Раньше ваш однокурсник жил в другом районе города. Узнайте, как он добирался до университета тогда и как добирается теперь.

36. Проанализируйте вопросы из пятой строки таблицы к заданию **21** и скажите:

1. Как вы ответите на вопросы из таблицы?

2. В какой ситуации задаются подобные вопросы?

3. Что хотят узнать, задавая подобные вопросы, — *обстоятельства движения* (способ передвижения, вид транспорта, маршрут и т. п.) или *впечатления* собеседника от увиденного и услышанного, его *оценку результата* похода (поездки)?

4. В чём сходство вопросов *Как вы доехали?* и *Как вы съездили?* Чем они отличаются от других вопросов в таблице?

37. Ответьте на вопросы, используя глаголы движения.

1. Час назад вы пошли в книжный магазин покупать какую-то книгу. Как вы сходили? Успешно? 2. Мне сказали, что вы поехали в театральную кассу за билетами. Как вы съездили? Удачно? 3. Вы не знаете, как Нина сходила вчера к глазному врачу? Что сказал ей врач? Всё в порядке? 4. Как ваш друг съездил в Казань? Он доволен поездкой? 5. Как вы сходили к декану? Он разрешил вам сдать экзамены досрочно?

38. Представьте ситуацию в виде диалога.

Ваш друг вернулся из поездки в Египет. Вы звоните ему. Какой диалог у вас произойдёт?

РАБОТАЕМ САМОСТОЯТЕЛЬНО

Напишите рассказ о том, как вы первый раз ехали в какой-нибудь музей, а также о том, что вы рассказали о своём посещении музея, вернувшись домой, и какие советы дали друзьям.

ЗАНЯТИЕ 5

● Перемещение объекта (глаголы *вести/водить*, *везти/во-зить*, *нести/носить*).

ПОВТОРЯЕМ

 1. Представьте ситуацию в виде диалога. Используйте вопросительные предложения со словом *как*.

На днях вы встречали на вокзале друзей из Казани, а вчера в аэропорту встречали друзей из Иркутска. Какой разговор произошёл у вас при встрече?

2. Представьте ситуацию в виде диалога.

Завтра в университете начнётся международная молодёжная конфе-ренция. Вы её участники. Познакомьтесь друг с другом, узнайте, кто откуда приехал и как добирался, какие достопримечательности города вы осмот-рели. Обменяйтесь впечатлениями.

 3. Обратитесь с вопросом к собеседнику исходя из ситуации.

1. Вы в Коломенском и хотите посмотреть домик Петра I. Спросите у про-хожего, как попасть к этому домику.

2. Вы пришли в Третьяковскую галерею и хотите посмотреть картины И.Е. Репина. Узнайте у дежурного, как попасть в залы этого художника.

4. Побеседуем! Используйте глаголы движения.

В газетных киосках продаются схемы движения городского транспорта и линий метро, карты города. Для чего нужны такие справочные издания? Пользуетесь ли вы ими? Зачем нужны различные указатели на станциях и в переходах метро?

 5. Представьте ситуации в виде диалогов.

1. Вам сказали, что нужный вам учебник продаётся в магазине «Академкни-га». Вы звоните в магазин и узнаёте, как вам лучше туда добраться.

2. Вы хотите записаться в библиотеку иностранной литературы. Вы звони-те в библиотеку и узнаёте дорогу.

6. Побеседуем! В вопросах и ответах используйте глаголы движения.

Вы с друзьями собрались на выставку в Центральный выставочный зал на Манежной площади. Обсудите варианты проезда и выберите лучший.

7. Представьте ситуацию в виде диалога.

Ваш собеседник часто бывает в книжном магазине «Дом книги». Узнайте, как он туда добирается. Используйте информацию о проезде.

Проезд: метро, станция «Библиотека имени В.И. Ленина», далее троллейбус 2, 44 до остановки «Дом книги» и затем — пешком.

8. Расскажите о себе. Используйте глаголы движения.

1. Скажите, пользуетесь ли вы транспортом, чтобы попасть в университет, в библиотеку, в музей? Как вы туда добираетесь?

2. Как вы добирались до университета, библиотеки, музея, когда жили в родном городе?

9. Представьте ситуации в виде диалогов. Используйте вопросительные предложения со словом *как*.

1. Ваш сосед сказал, что идёт в кино. Узнайте, попал ли он в кинотеатр и понравился ли ему фильм.

2. Ваш товарищ сказал, что после занятий поедет в театральную кассу за билетами. Спросите его о результатах поездки.

3. Ваш знакомый вернулся из поездки в Суздаль. Расспросите его о впечатлениях от поездки.

10. Выскажите свои пожелания. Какие фразы следует говорить в такой ситуации?

Сегодня из Москвы уезжают два ваших товарища. У одного из них кончился срок стажировки, и он уезжает домой. Другой едет в Петербург в научную командировку.

11. Обратитесь с вопросом к собеседнику исходя из ситуации.

1. Вы собрались в кинотеатр. Узнайте у товарища, далеко ли до кинотеатра.

2. Вы с друзьями решили ехать к товарищу в гости на автобусе. Задайте вопросы (о времени и расстоянии) в начале, в середине, в конце поездки.

3. Вы едете на дачу к знакомому на машине. Спросите (о времени и расстоянии) в начале пути, спустя некоторое время и в конце пути.

12. Что можно сказать в данной ситуации?

1. Ребёнок начинает ходить. Как вы расскажете об этом вашим знакомым?
2. Девочка учится плавать. Как она расскажет о своих успехах друзьям?

13. Восстановите начальные реплики в диалогах по образцу.

Образец: | — Нет, минут двадцать.
| — Долго нам ехать? / — Долго вы ехали?

1. Не очень: на автобусе три остановки. 2. Благополучно, они уже прислали письмо. 3. Уже пять остановок. 4. Ещё пять остановок. 5. Нет, он делает только три остановки. 6. Спасибо, хорошо. 7. Дойдёте до угла, повернёте направо. Аптека во втором доме. 8. Я доволен. Спектакль очень хороший.

14. Ответьте на вопросы.

1. Скажите, как пройти к книжному магазину? 2. Где находится ближайший кинотеатр? 3. Долго нам ещё ехать? 4. Далеко нам ещё ехать?

15. Прочитайте текст, восстанавливая пропущенные глаголы движения, и перескажите его.

Дождались

Уже полчаса мы ждём Николая, стоим у окна и смотрим на улицу. Сверху всё хорошо видно.

— Смотри, — говорит вдруг Саша, — какая красивая машина . . . !

Машина, правда, красивая, но где же Николай? Вдруг я замечаю Нину.

— Посмотри, — говорю я Саше, — Нина . . . .

— Где?

— Уже . . . . А вон . . . наши баскетболисты. Какие молодцы: с таким счётом обыграли физиков! Ты их узнал?

А Николая всё нет. Почему он не . . . ? Что случилось? Слева наш стадион. Там народ. Завтра соревнования, и сегодня ребята тренируются.

— Смотри, на стадионе ребята . . . . Завтра они участвуют в эстафете.

Вдруг в коридоре раздаются шаги.

— Слышишь, кто-то . . . . Посмотри, кто там, — прошу я.

Саша выглядывает в коридор.

— Ура! — кричит он.— . . . !

Дождались!

16. Прочитайте текст, восстанавливая пропущенные глаголы движения, и перескажите его.

В Музей А.С. Пушкина

Увидел меня друг и говорит:

— Ты знаешь, мы вчера . . . на выставку «Портреты современников А.С. Пушкина». Очень интересная выставка. А ты занимаешься Пушкиным, тебе особенно интересно посмотреть.

— А где эта выставка? Как туда . . . ?

— Очень просто. Я тебе объясню. Выставка открыта в Музее А.С. Пушкина. Это на Пречистенке, дом 12. Выйдешь из дома, . . . до метро, на метро . . . до станции «Кропоткинская». Там выйдешь на улицу и пойдёшь направо. От метро . . . недалеко, минут пять-семь ходьбы.

— Спасибо за совет. Сегодня же поеду.

Через день, когда я . . . на занятия, я встретил в коридоре друга.

— Ну, что? . . . на выставку?

— Да, . . . , и даже товарища с собой . . . . Но . . . мы туда с приключениями. Мы, как ты и сказал, пешком . . . до метро, сели в поезд и . . . до «Кропоткинской». Там вышли из метро и . . . , как ты сказал, направо. . . . и думаем: Не туда мы . . . !

Остановили мы прохожего и спрашиваем:

— Скажите, как нам к Музею Пушкина . . . ?

— А вы не в ту сторону . . . , — отвечает он нам. — Вам вернуться назад, . . . до вестибюля метро, который на бульваре, перейти бульвар. Здесь и начинается Пречистенка. Музей справа, в доме 12.

— Скажите, а сколько минут . . . отсюда до музея?

— За десять минут вы . . . .

Поняли мы, что перепутали выходы из метро. Музей Пушкина мы нашли, выставку посмотрели. И музей и выставка мне очень понравились. Я рад, что . . . туда.

17. Прочитайте текст, вставляя пропущенные глаголы движения. Укажите возможные варианты. Перескажите диалоги, которые произошли на остановке, в автобусе, в метро и разговор по телефону.

Мы были в театре

Спектакль кончился поздно. Автобусы и троллейбусы . . . уже редко.

— Как мы . . . ? — спросил товарищ. — Может быть, . . . на такси?

Машин на стоянке не было. Мы постояли минут пять и решили с Димой . . . к метро. А Саша остался ждать такси.

Живёт он далеко, в другой части города.

Когда мы . . . к метро, мой друг то и дело оглядывался: не . . . ли автобус. Наконец он обрадованно сообщил мне:

— . . . какой-то!

Через две-три минуты нас обогнал автобус. Он остановился недалеко от нас (там, оказывается, была остановка). Мы подбежали и успели сесть.

— Скажите, куда . . . этот автобус? — спросил товарищ. — Мы . . . до университета?

— Нет, не . . . . Этот автобус не . . . на Воробьёвы горы, — ответил кто-то из пассажиров.

— А как нам . . . до университета?

— Сейчас вы . . . до метро, выйдете и поезжайте на метро. Так и быстрее и удобнее.

— А далеко . . . до метро? Сколько остановок?

— Сейчас приедем, следующая остановка ваша.

— А на метро нам . . . без пересадки или с пересадкой?

— С пересадкой. . . . до «Парка культуры» и перейдёте на вашу линию.

И вот мы уже на нашей линии. Товарищ смотрит на часы.

— Сколько мы уже . . . ? — спрашиваю я. — Долго нам ещё . . . ?

— Скоро . . . ,— отвечает друг.

Домой мы приехали в половине двенадцатого. На другой день позвонили Саше.

— Алло! Это Саша? Привет! Ну, как ты вчера . . . ?

— Всё в порядке. А как вы . . . ?

— И мы хорошо. Мы . . . на метро. Долго ты ждал такси?

— Нет, минут пять, не больше. До дома . . . за полчаса, в 11 часов был уже дома. А вы когда . . . домой?

— Мы тоже . . . недолго, но . . . позже тебя, в половине двенадцатого. Да, ты знаешь, в метро мы встретились с Николаем (он живёт на нашем этаже). Спрашиваем: «Ты откуда . . . ?» — «Я, — отвечает он — . . . в гости, а вот вы куда . . . ?» — «А мы . . .». Так что мы . . . домой не одни. Пока мы . . . от метро до общежития, мы рассказали Николаю о спектакле. Он — театрал и уже три раза в этом месяце . . . в театр.

18. Прочитайте текст, восстанавливая пропущенные глаголы движения.

Недавно он переехал

Во время перерыва мы разговорились с товарищем. (Недавно он получил новую квартиру и теперь живёт где-то на окраине города.)

— Как ты теперь . . . в университет? — спросил я.

— До метро я . . . на автобусе, а потом . . . на метро.

— Много времени ты тратишь на дорогу?

— Я . . . за час. Раньше я жил намного ближе. Я выходил из дома за полчаса, . . . на трамвайную остановку, садился в трамвай и . . . . Три остановки — и я в университете.

— Вчера вечер встречи выпускников факультета кончился очень поздно. Как ты . . . ? Всё в порядке?

— Да, конечно. Я . . . на такси.

19. Прочитайте текст, восстанавливая пропущенные глаголы движения. Ответьте на вопросы после текста.

Поездка в Петербург

Однажды мне позвонил Николай и сказал:

— Я . . . в командировку.

— Куда ты . . . ?

— В Петербург.

— С кем? Один?

— Нет, со мной . . . наш сотрудник.

— Надолго вы . . . ?

— Думаю, что . . . на неделю, а сколько пробудем — не знаю.

— Когда вы . . . ? Сегодня?

— Да, поздно вечером.

— Ну, счастливого пути! Желаю вам хорошо . . . и вообще, удачно . . . .

— Спасибо. До встречи.

Прошло две недели. Мы стояли в коридоре. Вдруг кто-то сказал:

— Посмотрите, Николай . . . !

Да, это был Николай. Мы поздоровались.

— Ну, как ты . . . в командировку? Доволен?

— Прекрасно! Петербург понравился, я поработал в библиотеке, нашёл важные материалы. Одним словом, . . . удачно.

— Что ты видел в Петербурге?

— Несколько раз ... в Эрмитаж, конечно, ... в Русский музей, в Исаакиевский собор, в Петропавловскую крепость.

— А на Мойке, в квартире Пушкина был?

— Конечно. Мы не только на Мойку ..., но и в город Пушкин ..., ... там в Лицей, видели комнату, где жил Пушкин-лицеист.

— А в Петродворце были?

— А как же?! Мы ... туда на второй день после нашего приезда.

— Как вы туда добирались?

— Туда и обратно мы ... на электричке. Туда мы ... минут 50, а оттуда до дома ... за час с лишним.

— Долго вы там были?

— Мы ... на целый день. Долго ... по парку, осмотрели все фонтаны, ... во дворцы.

— Сколько же всего дней ты был в Петербурге?

— ... я, как ты знаешь, на неделю, а был десять дней. Побыл бы ещё, но надо было ... домой.

— И товарищ твой вернулся?

— Нет, он остался ещё на два дня, так что назад я ... один.

— Как ты ...?

— Спасибо, хорошо. Со мной в купе ... три москвича. Они ... в Петербург на фестиваль «Белые ночи».

— А ты ... на концерты или в театры?

— К сожалению, мало. Один раз ... на симфонический концерт в филармонию и два раза в драматический театр. Зато много ... по городу, по набережным, по паркам. Когда мы ... в Петербург, мы познакомились в вагоне с двумя петербуржцами. Они несколько раз ... нас по городу, всё показывали и рассказывали. Мы ещё поговорим о Петербурге, а сейчас, прости меня, я должен ..., меня ждут.

1. Каким пожеланием закончился разговор с Николаем, в котором он сообщил о предстоящей поездке в Петербург?
2. Каким вопросом начался разговор с Николаем, когда он вернулся?
3. Сколько дней был Николай в Петербурге?
4. Когда Николай познакомился с петербуржцами?
5. Доволен ли он своей поездкой?

Перемещение объекта (глаголы *вести/водить*, *везти/возить*, *нести/носить*)

20. Вспомните, какие бесприставочные глаголы движения являются переходными. Проверьте себя по таблице (с. 6).

21. Проанализируйте текст, ответив на вопросы.

Важное дело

— Кто же это идёт? Да это Катюша с мамой! Ну, здравствуйте! Куда же вы идёте? Куда ты, Катюша, ведёшь маму?

— У нас очень важное дело. Мы идём в сквер. Я веду маму дышать чистым воздухом!

1. Какой способ передвижения представлен в тексте? Одним или разными способами передвигаются мать и дочь (субъект и объект движения)?

2. Кто представлен в тексте ведущим, главным — мать или дочь? В чём заключается роль ведущего?

3. Как можно сформулировать правило употребления глаголов *вести/водить*, опираясь на информацию текста (*вы идёте, мы идём — ты ведёшь*).

22. Опишите рисунки с помощью глаголов движения по образцу. Запишите использованные глаголы движения парами: *переходный — непереходный*. Назовите непереходные глаголы движения, которые соответствуют глаголам *вести/водить*.

Образец: По дороге *идёт* воспитательница с детьми. Она *ведёт* детей на прогулку в парк.
идёт — ведёт

Рис. 1   Рис. 2   Рис. 3

23. Знаете ли вы словосочетания: *за руку* (*за руки*), *под руку* (*под руки*)? Закончите предложения одним из этих словосочетаний.

1. Мать вела дочку … . 2. Родители вели ребёнка … . 3. Мужчина вёл девушку … . 4. Сыновья вели старую мать … .

24. Расскажите о ваших друзьях, используя переходные глаголы движения *вести/водить*.

У ваших друзей есть дети? Бывают ли ваши друзья со своими детьми в зоопарке, в цирке, в кукольном театре, на стадионе?

25. Прочитайте текст. Определите субъект и объект движения. Ответьте на вопросы.

Рыба плавает в реке

По дороге к реке мы встретили знакомого рыболова. Он ехал на велосипеде и вёз удочки.

— А где же рыба? — спросили мы, догадываясь, что рыбалка была неудачной.

— Рыба плавает в реке, — улыбнулся рыболов.

1. Какой способ передвижения субъекта и объекта представлен в тексте?
2. Какой непереходный глагол в тексте соответствует переходному?

26. Опишите рисунки, используя переходные и непереходные глаголы движения. Определите субъект и объект движения в каждом случае. Запишите использованные глаголы движения парами: *переходный — непереходный*.

Рис. 1

Рис. 2

Рис. 3

Рис. 4

Рис. 5

27. Проанализируйте ваши описания рисунков из задания **26**, ответив на вопросы.

1. Используются ли для перемещения объекта какие-либо транспортные средства?

2. Какие способы передвижения используются самим субъектом? Может ли субъект использовать транспортные средства для себя?

3. Зависит ли выбор переходного глагола от способа передвижения субъекта?

4. Какие непереходные глаголы движения соответствуют переходному глаголу *возить*?

5. Сформулируйте правило: в каком случае употребляются глаголы *везти/возить*?

28. Прочитайте текст и ответьте на вопросы.

Экскурсовод

Мой сосед работает в городском экскурсионном бюро. Он экскурсовод. Если кто-нибудь спрашивает, нравится ли ему его работа, он, не задумываясь, отвечает:

— Да. Я с удовольствием вожу людей по городу, потому что люблю свой город и хочу, чтобы другие тоже полюбили его.

1. Кто такие экскурсоводы? Где они работают и что делают?

2. Какие экскурсии — пешеходные или автобусные — проводит сосед автора текста?

29. Ответьте на вопросы, используя переходные глаголы движения. Скажите, должен ли переходный глагол в ответе быть из той же группы, что и непереходный глагол в вопросе?

1. В автобусе вы встретили соседа с сыном. Куда они ехали? 2. К вам приехали гости. В это время в городе работала Международная книжная ярмарка. Вы ездили с вашими гостями на эту ярмарку? 3. Вчера мы видели вас на улице с вашими учениками. Куда вы шли? 4. Куда вы ходили с другом в воскресенье?

30. Прочитайте текст. Найдите и назовите использованные в нём переходные глаголы движения и соответствующие им непереходные глаголы движения.

Без чего в жизни не обойтись

Вы замечали, что мы всю жизнь что-нибудь носим? Куклу — в детстве, портфель с книгами или сумку — в школьные годы, рюкзак — в юности, отправляясь в туристический поход, цветы — любимым, книги и газеты — чтоб не скучно было по дороге на работу, телефоны — позвонить или отправить срочное сообщение, документы — на всякий случай… Да мало ли что ещё! Идёшь — несёшь, бредёшь — несёшь, бежишь — несёшь (например, эстафетную палочку или олимпийский огонь). Нести и носить — без этого в жизни никуда!

31. Объясните значение словосочетаний с глаголом *нести*. Составьте 3–4 предложения этими словосочетаниями.

Нести: в руке; в одной руке; в правой (левой) руке; в руках; в двух руках; в обеих руках; на руках; на руке; на правой (левой) руке; двумя руками; под мышкой; на голове; на плече; на спине (о человеке); в клюве; в когтях (о птицах); в зубах (о животных).

32. Опишите рисунки с помощью переходных и непереходных глаголов движения. Назовите пары соответствующих переходных и непереходных глаголов движения. Ответьте на вопросы.

Рис. 1

Рис. 2

Рис. 3

Рис. 4

Рис. 5

1. Используются ли транспорт или средства передвижения для перемещения объекта?

2. Использует ли сам субъект транспорт или средства передвижения?

3. В результате чего происходит перемещение объекта, если он не может идти или ехать самостоятельно?

33. Восстановите пропущенные переходные глаголы движения.

1. Вот на велосипеде едет мальчик. В одной руке он . . . пакет. 2. Мы едем в поезде. Я стою в коридоре вагона, смотрю в окно. А вот к нашему купе идёт проводник, он . . . чай. 3. В автобусе рядом со мной сидит женщина. Она . . . уснувшего на её руках ребёнка. 4. В вагон метро вошли туристы. У одних на спине рюкзаки, у других — сумки в руках. Они . . . за город и . . . в рюкзаках и в сумках всё, что нужно для похода с ночёвкой. 5. По перрону шёл носильщик, он . . . тележку с чемоданами.

34. Отгадайте загадки и объясните употребление глаголов движения.
1. Везёт, а не лошадь; летит, а не птица; жужжит, а не жук.
2. По рельсам идёт, длинный хвост за собой везёт.
3. Куда ползёт, туда и дом на себе несёт.

35. Закончите предложения, используя переходные глаголы движения.

1. Через зал идёт экскурсовод, он . . . . 2. Девочку послали за газетой; вот она бежит назад и . . . . 3. Женщина шла не одна: её . . . . 4. По дороге к реке мы встретили рыбаков, они . . . . 5. По дороге ехали грузовые машины, на них . . . .

36. Ответьте на вопросы отрицательно. Используйте переходные глаголы движения.

Образец: —Вы ходили по городу пешком?
—Нет, нас возили на машине.

1. Мальчик ездит в музыкальную школу один, без взрослых? 2. Лодочник плыл в лодке один? 3. Он ездил на дачу один? 4. Учитель редко ходит с детьми на экскурсии? 5. Вы ходили в театр один (одна)?

РАБОТАЕМ САМОСТОЯТЕЛЬНО

Напишите рассказ об одном дне во время ваших каникул (отпуска), используя непереходные и переходные глаголы движения: *вести/водить, везти/возить, нести/носить.*

● Обозначение однонаправленного движения с помощью глаголов типа *пойти*.

⊙ Значение приставки *по-*. Некоторые случаи употребления глаголов типа *пойти*.

⊙ Вид и форма глагола, обозначающего цель движения.

ПОВТОРЯЕМ

1. Передайте содержание диалогов, используя глаголы движения.

1. — Простите, как мне добраться до универмага «Москва»? — Можно на автобусе. Но здесь недалеко, можно и пешком: прямо до конца улицы и налево. 2. — Простите, этот автобус делает все остановки? — Да, все. 3. — Мне нужен торгово-развлекательный центр. На какой автобус мне сесть, на пятый? — Нет, вам в другую сторону, вам нужен 47-й, шестая остановка. 4. — Доброе утро! Ну как ваша поездка во Владимир? — Мне очень понравилось. 5. — Ну, как вчерашний вечер поэзии? Вам понравилось? — Замечательно! 6. — Как ваш поход в книжный магазин? Купили что-нибудь? — Нет, ничего не купили. Напрасно потеряли два часа. 7. — До станции можно ехать на автобусе или на троллейбусе. Что вы предлагаете? — По-моему, лучше на троллейбусе. — Хорошо, вот как раз и троллейбус. 8. — Что-то долго нет автобуса. — А вон такси. Не хочешь на такси? — Можно и на такси. Здесь недалеко, минут за двадцать доберёмся, надеюсь. 9. — Наташа, посмотри, автобуса не видно? — Пока не видно. Хотя нет, какой-то показался.

2. Передайте содержание предложений, используя глаголы движения.

1. Соседнее купе занимали геологи. Они возвращались из экспедиции. У них был большой багаж. 2. В автобусе было много школьников. Они возвращались с прогулки. У некоторых в руках были букеты цветов. 3. Вдоль берега двигалась лодка. В ней был мужчина и лежали какие-то ящики. 4. В вагоне электрички было довольно много пассажиров. Некоторые возвращались с полными корзинами грибов. 5. Друзья с удовольствием показывали нам свой город. 6. У товарища в сумке всегда много книг. 7. Учительница часто

бывает с учениками в музеях. А вчера она была с ними за городом. 8. Город туристам показывали опытные гиды.

3. Ответьте на вопросы, используя переходные глаголы движения.

Образец: — *Куда вы идёте?*
— *Несу часы в мастерскую.*

1. Куда вы едете? 2. Куда вы летите? 3. Куда вы ходили вчера? 4. Куда вы ездили в воскресенье? 5. Мы видели вас вчера в метро. Куда вы ехали? 6. Утром я видела вас с товарищем. Куда вы шли?

4. Ответьте на вопросы.

1. Как вы любите осматривать музеи — самостоятельно или с экскурсоводом? Почему? 2. Когда вы знакомитесь с городом, вы гуляете (*ходить пешком*) или пользуетесь транспортом? Нужен ли вам гид? 3. Любите ли вы сами показывать свой город гостям? Что вы показываете в первую очередь, что потом? Знакомите ли вы гостей с загородными музеями? 4. Куда приглашают вас русские друзья? Что показывают?

5. Расскажите о себе. Используйте глаголы движения.

1. Где вы проводили лето в детстве? Какое лето вам запомнилось и почему? 2. Часто ли ваши родители бывали с вами в цирке, в театре, на стадионе? Нравились ли вам эти посещения? 3. Любили ли вы в детстве бывать в зоопарке? 4. Когда родители впервые познакомили вас с каким-нибудь музеем, какой-нибудь галереей? 5. Кто из старших обычно бывал с вами в театре? 6. Кто обычно провожал вас до школы, когда вы начали учиться? 7. Любили ли вы в детстве дальние поездки? Какой вид транспорта вам больше нравился?

6. Прочитайте притчу и перескажите её. Используйте глаголы движения.

Шартрский собор

В средневековом французском городе Шартре строился собор. Трёх его строителей, которые катили по дороге тачки с камнями, спросили, что они делают. Первый сказал:

— Тачку тяжёлую качу, пропади она пропадом.
Второй ответил:

— Зарабатываю на хлеб семейству.

А третий вытер с лица пот и произнёс с гордостью:

— Я строю Шартрский собор!

7. Прочитайте тексты, восстанавливая пропущенные глаголы движения.

На перроне

Я провожаю друзей на родину.

— Сколько часов вам . . . ?

— Через 48 часов . . . на место.

— Вам . . . без пересадки?

— Без.

— Как только приедете на место, напишите, как вы . . . . Я буду волноваться и ждать письма. Да, а вас встретят? Ведь вы . . . большой багаж.

— Ну, конечно, встретят!

— А далеко вам . . . от вокзала до дома?

— Не очень. За полчаса . . . .

На перроне всё больше людей. Они . . . по одному и группами, . . . чемоданы, пакеты, сумки. Многие женщины . . . цветы. Вот . . . носильщик, на тележке он . . . много чемоданов. А вот . . . автокар. На нём . . . багаж.

Я вижу, как к нашему вагону . . . пожилая женщина и молодой мужчина, по-видимому, её сын. Он . . . мать под руку, а в другой руке . . . небольшой чемоданчик.

Счастливого пути! Счастливо всем . . . !

В самолёте

Рядом со мной сидели мужчина и мальчик.

— Сын? — спросил я.

— Да. Вот . . . к морю. У него начались летние каникулы, и я . . . его к бабушке в гости.

— Как тебя зовут? — спросил я мальчика.

— Дима.

— Ты первый раз . . . на самолёте?

— Нет, я уже . . . в прошлом году. Мы . . . от бабушки домой.

— Ты не боишься . . . на самолёте?

— Нет, мне нравится . . . . Может быть, я буду лётчиком.

— Сколько мы уже . . . ?

— Почти час.

— Долго нам ещё . . . ?

— Скоро . . . .

— Надолго вы . . . ?

— Я — на два дня, а сын — на два месяца.

8. Прочитайте тексты, восстанавливая пропущенные глаголы движения.

В автобусе

В автобусе мы увидели приятеля. Он сидел у окна и держал на коленях какой-то свёрток.

— Привет! Куда ты ... и что ... ?

— Я ... в город, ... часы в мастерскую. Остановились и не идут.

— А вчера мы видели тебя на Тверской улице. С тобой ... какая-то девушка. Ты ... в руке какой-то пакет.

— А-а, это моя двоюродная сестра. Она гостит у нас, и я, как гостеприимный хозяин, ... её по городу, в музеи, в театры. Вчера, например, мы ... в Театр на Малой Бронной.

— А на что вы ... ?

— Я ... сестру на тургеневский «Месяц в деревне». А в руке я ... книгу о театре, мы купили её в магазине на Тверской улице.

— А где ты был в воскресенье? Мы тебя ждали.

— Мы ... за город, я ... Марию к бабушке на дачу. Мы ... на моей новой машине.

— Долго были?

— Конечно, ... на весь день. Обратно ... в темноте. А вы сами откуда и куда ... ?

— Да вот ... в магазин «Мелодия», а теперь ... в букинистический магазин.

В сквере

Я сижу на скамейке в сквере и наблюдаю за прохожими.

Вот ... три девочки. Они ... из школы. Каждая ... на спине сумку с учебниками и тетрадями. Я заметил, что школьники и студенты часто ... книги и тетради в сумках-рюкзачках.

А вот с другой стороны ... пожилая женщина. За руку она ... внука. Малышу года три. Он ... важно, за верёвочку ... какую-то машину.

Вдруг раздаётся звук сирены: это по улице ... машина «Скорой помощи». На минуту становится тихо, и я слышу птичьи голоса. Вот ... воробей, в клюве он ... кусочек хлеба. (Недалеко от меня какая-то женщина кормит птиц).

На аллее появляется мужчина с собакой. Он ... собаку на поводке, а та ... в зубах палку. По соседней дорожке ... молодые родители. Отец ... на руках девочку лет двух, а второго малыша мать ... в коляске. Дети!.. У меня есть внучка. Она . . . в детский сад. Утром её одевают и . . . в сад. Сад недалеко, во дворе. Это хорошо, а то пришлось бы . . . девочку на автобусе.

Опять . . . какой-то мужчина. Постойте! Да это же мой знакомый! В руках у него магнитофон.

— Добрый день! Куда вы . . . и почему . . . с собой магнитофон?

— Да вот . . . в мастерскую, . . . в ремонт.

— Я звонил вам вчера, вас не было дома.

— Я . . . в город, . . . младшую дочку в зоопарк.

— Первый раз?

— Нет, в прошлом году я уже . . . её туда, но она не видела слона. Так что вчера мы, можно сказать, специально . . . смотреть слона.

— И долго вы были в зоопарке?

— . . . часа два.

— Моя внучка тоже любит . . . в зоопарк. И ещё в цирк. Я уже несколько раз . . . её на цирковые представления. Ну что ж, . . . ваш магнитофон в мастерскую, а мне пора . . . на почту. До свидания!

Обозначение однонаправленного движения с помощью глаголов типа *пойти*

Значение приставки *по-*. Некоторые случаи употребления глаголов типа *пойти*

 9. Проследите, как употребляются в тексте глаголы типа *пойти*. Определите значение приставки *по-*.

Мудрая красавица

Шла по дороге красавица. Увидел её молодой человек, восхитился и пошёл за нею следом. Заметила это красавица, остановилась и спросила:

— Зачем ты идёшь за мной, незнакомец?

—Я влюблён в тебя, о прекраснейшая из прекрасных!

Улыбнулась женщина и говорит:

—Следом за мной идёт моя сестра. Глаза её черны как ночное небо и лучисты как звёзды. Она прекраснее меня в десять раз.

Обрадовался молодой человек и побежал назад. Бежал, бежал и видит: бредёт по дороге старая-престарая старуха.

Рассердился молодой человек и побежал догонять красавицу. Догнал и говорит:

—Зачем ты обманула меня?

—Нет, — отвечает красавица, — это ты обманул меня, незнакомец. Если бы ты действительно был влюблён, то не побежал бы к другой женщине!

10. Скажите, что обозначает в шутке глагол *пошёл*.

«Тихий ход»,
или Законопослушный

—Петя, почему ты опоздал на урок?

—Когда я шёл на урок, я увидел указатель «Тихий ход!» и пошёл медленнее.

11. Закончите предложения. Используйте глаголы движения с приставкой *по-*.

1. Мы сели в автобус и… 2. Они вышли из автобуса и… 3. Он взял книги и… 4. Мы осмотрели первый этаж музея и… 5. Лифт не работал и мы… 6. Студенты вошли в лифт и… 7. Мяч упал в воду и… 8. Монета упала на пол и… 9. Он сел на велосипед и… 10. Мы купили ёлку и… 11. Скоро все устали и… 12. Девочка увидела собаку и… 13. Носильщик поставил чемоданы на тележку и… 14. Мать взяла ребёнка за руку и… 15. Мать взяла ребёнка на руки и… 16. Мать посадила ребёнка на санки и… 17. Санитарка взяла больного под руку и… 18. Овощи погрузили в машину и… 19. Секретарь взяла бумаги и… 20. Нас встретили на вокзале, усадили в автобус и…

12. Представьте ситуацию в виде рассказа.

Вы были в театре. Что вы сделали, когда: 1) вошли в театр; 2) прозвенел второй звонок; 3) начался антракт; 4) захотели пить; 5) кончился спектакль; 6) вышли из театра; 7) подошёл троллейбус (поезд метро); 8) вышли из метро (из троллейбуса).

13. Проанализируйте диалоги. Скажите, чем выражено намерение совершить или не совершать движение.

1) — Что вы собираетесь делать в воскресенье?
— Пойду в Музей искусства народов Востока.

2) — Где вы будете отдыхать летом?
— Поеду на море или в горы.

3) — Вы собираетесь идти на вечеринку?
— Нет, я не пойду на вечеринку, у меня важная встреча в это время.

14. Закончите предложения, используя глаголы движения.

1. Когда кончится урок, я ... 2. Как только я освобожусь, ... 3. Когда начнутся каникулы, ... 4. Как только фильм выйдет на экраны, мы ... 5. Как только сдам экзамены, ... 6. Как только кончится дождь, ... 7. Сегодня приезжают мои друзья. Как только кончится семинар, я ...

15. Расскажите о себе, используя глаголы движения.

1. Что вы будете делать завтра в течение дня? 2. Как вы собираетесь провести воскресенье? 3. Как вы будете встречать Новый год?

16. Ответьте на вопросы, используя слова: *нужно, надо, необходимо, стоит, можно, мочь, хотеть, хотеться, собираться (хотеть), думать (хотеть), решить, советовать, приглашать, предлагать*. Укажите возможные варианты.

1. Что вы будете делать сегодня вечером? 2. Какие планы у вас на завтра? 3. Где вы проведёте праздники? 4. Понравился вам новый фильм? Советуете вы его посмотреть? 5. Где можно посмотреть старые фильмы? 6. В этом месяце пройдёт несколько экскурсий по городам России. Какой город вы решили посмотреть? 7. Куда пригласили вас друзья? 8. Где вы предлагаете побывать? 9. Вы сказали, что хотите посмотреть выставку. Когда вы можете это сделать? 10. Вы видели новый спектакль в «Современнике». Стоит его посмотреть? 11. Я еду в вашу страну. В каких городах вы советуете побывать? Какие достопримечательности нужно обязательно осмотреть? 12. Чем вы собираетесь заниматься в ближайшие выходные? 13. Вы решили ехать на море этим летом. Куда именно вы отправитесь? 14. Завтра вы уезжаете в длительную командировку. Вы знаете, что вам необходимо взять с собой?

17. Сравните диалоги попарно. Объясните употребление формы *не ходил* в диалогах левого столбца и *не пошёл* — в диалогах правого столбца.

1) —В среду была экскурсия. Вы ходили?
—Нет, не ходила, я была занята.

—Вы собирались на экскурсию. Почему вас не было?
—Я не пошла, потому что у меня заболела голова.

2) —Вы были когда-нибудь в Ботаническом саду?
—Нет, я ни разу туда не ездила.

—Вчера мы хотели поехать в Ботанический сад, но к нам пришли гости, и мы не поехали.

3) —Нужный вам справочник продаётся в Доме книги. Вы были в этом магазине?
—Нет, туда я не ездила.

—Нужный вам справочник видели в Доме книги. Почему вы не поехали в этот магазин?
—Оказалось, друг уже купил мне книгу, поэтому я не поехал.

18. Ответьте на вопросы. Используйте глаголы движения.

Образец: —Вчера в клубе был вечер юмора. Почему вас не было на этом вечере?
—Я не пошёл (не пошла), потому что потерял входной билет.

1. Вас хотели послать на олимпиаду по русскому языку, но вы отказались ехать. Почему? 2. Вам предлагали билет на стадион: играла ваша любимая команда. Но вы не взяли билет и не были на стадионе. Почему? 3. Вас приглашали в гости. Вы приняли приглашение, но в гостях не были. Почему? 4. Во время каникул можно было поехать на три дня на экскурсию в Ярославль. Почему вы не воспользовались такой возможностью?

19. Прочитайте диалог и скажите, что обозначает в нём глагол *пошёл*.

—Где был Саша вчера?
—Он ходил в театр.
—А где он сейчас?
—Пошёл на занятия.

20. Ответьте на вопросы. Используйте глаголы движения.

1. Вы один (одна) в аудитории. Где другие студенты? 2. Сегодня проводятся две экскурсии: в Музей А.П. Чехова и в музей-усадьбу Л.Н. Толстого. Какую экскурсию выбрали ваши друзья? 3. Где вы и ваши друзья продол-

жили образование после окончания школы? В родном городе или в другом месте, например за границей? 4. Почему вашего товарища не было вчера на лекции? 5. Почему Нины нет сегодня?

21. Прочитайте диалоги. Обратите внимание, какой глагол движения употребляется в ответе на вопросы *Где он?* и *Он здесь?*

1) — Ты здесь один? А где все?
— Они пошли в буфет.

— Скажите, Игорь дома?
— Нет, он уже ушёл.

2) — У меня сейчас семинар. Где тебя искать после этой пары?
— Я пойду в библиотеку.

— Если я позвоню тебе в 9 часов, ты будешь дома?
— Нет, я уже уйду на занятия.

3) — Простите, а где лаборантка?
— Она пошла в деканат.

— Скажите, а лаборантка уже ушла?
— Нет, она здесь. Подождите минутку.

22. Придумайте диалоги по образцу. Сообщите, что действие, о котором идёт речь, уже выполняется. Глаголы *пойти, поехать* передают значение «отправиться».

Образец: — Нужно позвать Сашу.
— За ним уже пошли. (За ним уже пошла Нина.)

1. У нас нет мела. Нужно принести. 2. Нам нужен будет сборник упражнений. Нужно взять в кабинете. 3. Нам, как всегда, потребуется карта. 4. До отхода поезда полчаса. Нужно купить билеты. 5. Нужно пойти в аптеку за лекарством.

23. Познакомьтесь с фрагментом интервью. Используя его как образец, ответьте на вопросы.

— Наташа, когда вы узнали, что поедете на соревнования?
— Кто поедет — решали отборочные соревнования. Там мне удалось хорошо выступить, и тогда я узнала, что поеду на универсиаду.
— Когда вы впервые поехали на соревнования в составе сборной?
— Это было три года назад. Мы ездили тогда в Болгарию и заняли призовое место.
— А что было потом?
— Через год мы поехали в Берлин, а теперь вот я приехала сюда.
— О чём вы мечтаете?
— Мне хотелось бы поехать на следующую универсиаду.

1. Вы часто ходите в театры, вы театрал(-ка). В какой театр вы отправились, когда приехали в Москву и почему? 2. Вчера вы долго думали, что посмотреть в кино. Так что же, в конце концов, решили посмотреть? Кто пошёл с вами? 3. За время стажировки вы были в нескольких городах. В какой город вы поехали сначала и почему?

24. Ответьте на вопросы, выбирая вариант а) или б):

а) (Сначала) Он *пошёл* в Пушкинский музей.
б) Он *ходил* в Пушкинский музей.

1. Где он провёл тот день? 2. Разве он был в Пушкинском музее? 3. Почему его не было на консультации? 4. После занятий он сразу вернулся домой? 5. Почему он отказался идти в Литературный музей? 6. Почему он всё время говорит о Пушкинском музее? 7. Что он сделал в первый день каникул? 8. Почему он идёт на экскурсию в Литературный музей, а не в Пушкинский музей? 9. Почему его нет сейчас дома? 10. Он видел эти картины в оригинале? 11. Почему он не пошёл с нами? 12. В каком музее он был? 13. Какие у него новости?

25. Прочитайте диалог. Скажите, с помощью какой формы глагола желание отправиться куда-либо выражено смягчённо, не категорично. Используя данный диалог как образец, ответьте на вопросы.

— Куда вы хотите поехать?
— Я бы поехал(а) в Среднюю Азию.

26. Побеседуем! В вопросах и ответах используйте глаголы движения.

1. В каких странах, кроме России, вы уже были, в каких хотели бы побывать? 2. В какие три города вы хотите поехать прежде всего? 3. В каком из московских театров вы хотите побывать? 4. Какой концерт вы хотели бы послушать?

27. Проанализируйте примеры особых случаев употребления глаголов движения группы *пойти*. На что указывает глагол *пойти* в этих примерах?

1) Сегодня Саша идёт на концерт. Вот он уже оделся, собрался. «Я пошёл, — говорит он. — Вернусь часов в 11».

2) — Ты не поедешь с нами в центр? Нет? Тогда до свидания! Мы поехали.

3) «Уже шесть часов, — говорит Нина. — Я пойду». Она встаёт, прощается и уходит.

28. Сравните предложения попарно. Одинаково ли значение формы глагола *пойди* в этих предложениях? С какой целью он использован в предложениях левого и правого столбцов?

1) —Саша! Пойди к Николаю, он хочет поговорить с тобой. | —Саша! Пойди сюда, я хочу поговорить с тобой.

2) —Ребята! Пойдите посмотрите, что там принесли! | —Ребята! Пойдите посмотрите, что мы принесли!

3) —Пойди посмотри, какая у него редкая почтовая марка. | —Пойди посмотри, какая у меня марка!

> **Вид и форма глагола, обозначающего цель движения**

29. Проанализируйте диалоги. Определите, какими формами глагола (*вид, время, наклонение*) выражена цель движения.

1) —Что ты будешь делать после занятий?
   а) —Пойду обедать.
   б) —Пойду пообедаю, а потом пойду на репетицию.

2) —Что ты делал вчера после занятий?
   —Сначала пошёл пообедал, а потом пошёл на репетицию.

3) —Хотел пойти пообедать, а уже пора идти на репетицию. Как быть?
   а) —Сначала нужно пойти пообедать, а уж потом идти на репетицию.
   б) —Сначала пойди пообедай, а потом иди на репетицию.

4) —Ну что, после занятий пойдём за билетами в кино?
   —Я не могу, у меня репетиция.
   —Ну тогда так: ты иди репетируй, а мы пойдём купим (покупать) билеты. Встретимся в пять часов в общежитии.

5) —Ты хотел бы пойти послушать концерт классической музыки?
   —Да, я с удовольствием пошёл бы послушал (послушать) такой концерт.

30. Выразите просьбу, совет, включив в предложение глаголы *пойти, поехать.*

Образец: — *Хочу тебя попросить: сдай*, пожалуйста, книги в библиотеку.
— *Пойди сдай*, пожалуйста, книги в библиотеку.

1. Звонят в дверь. Открой, пожалуйста, у меня руки заняты. 2. Посмотри, какой фильм идёт сегодня в клубе. 3. Сейчас будем пить чай. Позови ребят — они в саду играют в шахматы. 4. У меня к вам просьба: повесьте, пожалуйста, это объявление на стенде в коридоре. 5. Игорь завтра переезжает в другое общежитие. Помоги ему с переездом. 6. Ивановы переехали в новую квартиру. Посмотри, как они устроились. 7. Катя не может перевести какой-то текст. Помоги ей. 8. Саша пришёл из школы расстроенный. Он не понял какое-то правило и поэтому не может решить задачу. Объясни ему это правило и помоги с задачей. 9. Наташа говорит, что уже выучила стихотворение. Проверь её.

31. Закончите предложения. Скажите, *что нужно сделать.*

Образец: — Два часа. Вы *уже обедали?*
— Нет, *надо (нужно, стоит) пойти пообедать.*

1. — В киоске продаётся новый словарь ударений. Вы уже купили? — Нет, надо ... 2. — Изменили расписание. Вы уже узнали новое? — Нет, нужно ... 3. — Ты уже записался на этот семинар? — Нет, надо ... 4. — Оказывается, Нина больна. Ты уже был у неё? — Нет, надо ... 5. — Завтра Катя уезжает в экспедицию. — По-моему, надо ... 6. — Завтра прилетают наши друзья из Китая. — Нужно ... 7. — Завтра в клубе показ моды этого сезона. — По-моему, стоит ...

32. Ответьте на вопросы. Скажите, *что вы собираетесь сделать.*

Образец: — Через полчаса нам ехать в театр. Ты уже *оделся?*
— Нет. *Сейчас пойду оденусь.*

1. Ты уже отнёс журнал соседу? 2. Ты положил книги на место? 3. Ты принял таблетки от кашля? 4. Ты проверил показания электросчётчика? 5. Вы предупредили студентов, что лекции не будет? 6. Вы записались на экскурсию? 7. Вы отдали справку инспектору? 8. Вы заказали запасные ключи для лингафонного кабинета? 9. Вы выключили компьютер?

33. Скажите, как вы поступите в таких ситуациях.

Вы узнали, что: 1) прилетают ваши друзья; 2) ваша подруга заболела; 3) началась запись на экскурсию в Суздаль; 4) ваши друзья будут выступать на вечере; 5) вашему другу нужна помощь; 6) вы должны отвезти научному руководителю вашу работу; 7) инструкция о приёме лекарства написана по-арабски; 8) у вашего друга через два дня юбилей: ему исполняется 20 лет.

34. Побеседуем! В вопросах и ответах используйте глаголы движения.

1. Расскажите, какие дела были у вас сегодня. Что вы сделали сначала и что потом. 2. Выясните у товарища, какие два дела он должен выполнить сегодня, и посоветуйте, в какой последовательности их лучше выполнять (что сначала, а что потом).

35. Ответьте на вопросы по образцу. Укажите возможные варианты.

Образец: | — Откуда у тебя эта книга?
| — *Пошёл взял (пошёл и взял) в библиотеке.*

1. Где ты взял этот журнал? — Пошёл… 2. Ты поздравил своего соседа с днём рождения? — Да, ещё утром… 3. Ты уже купил билет на футбол? — Да, ещё в среду… 4. Он уже подал заявление о приёме на работу? — Да, вчера… 5. Ты не знаешь, Юра сдал документы на конкурс? — Да, два дня назад он, наконец, … 6. Аня уплатила за телефон? — Да, ещё на прошлой неделе…

36. Сравните предложения. Скажите, в каком случае тот, о ком говорится, уже дома, а в каком ещё не вернулся.

Он *пошёл проводил* гостей до остановки.
Он *пошёл проводить* гостей до остановки.

37. Сравните предложения, ответив на вопросы.
Он *пошёл проводить* гостей.
Он *пошел провожать* гостей.

1. В каком из этих предложений «целевое» действие представлено как неопределённо длительное, а в каком подчёркнута его непродолжительность?

2. Если бы на ваш вопрос *Где Игорь?* вам ответили одним из данных предложений, в каком случае вы остались бы ждать товарища, а в каком — ушли бы домой? Объясните почему.

38. Скажите, что вы будете делать, куда пойдёте или поедете. Используйте слова, данные в скобках.

Образец: | отдыхать/отдохнуть (дача)
| — *Поеду* на дачу *отдыхать.*

1) Писать/написать (библиотека, курсовая работа); 2) знакомиться/познакомиться (Третьяковская галерея, русская живопись); 3) смотреть/посмотреть (театр, спектакль «Три сестры»); 4) играть/поиграть (сосед, шахматы); 5) слушать/послушать (концерт, победители конкурса им. П.И. Чайковского).

39. Сравните словосочетания. Скажите, зависит ли вид «целевого» глагола (СВ/НСВ) от типа или количества объектов, на которые направлено действие? Объясните, почему в некоторых случаях можно использовать глаголы обоих видов, а в других — возможен или предпочтителен глагол одного вида — СВ или НСВ.

1) Пошёл узнать/узнавать, когда будет консультация; 2) пошёл купить/покупать газету — пошёл покупать компьютер; 3) пошёл перекусить — пошёл обедать/пообедать — пошёл выпить чашку чаю; 4) пошёл выключить/выключать свет в аудитории — пошёл выключать свет в аудиториях нашего этажа; 5) пошёл прочитать/читать объявление — пошёл читать какую-то монографию; 6) пошёл покупать воду — пошёл купить воды.

40. Используя словосочетания из задания **39**, ответьте на вопросы.

1. Где он (они)? 2. Что вы будете делать сейчас (завтра)?

41. Сформулируйте общее правило использования вида и формы глагола, обозначающего *цель движения*. Используйте материал комментариев к заданиям **29–40**.

РАБОТАЕМ САМОСТОЯТЕЛЬНО

Опишите: 1) как пройдёт ваш день рождения; 2) день вашего возвращения домой; 3) самый интересный день прошедшей недели.

ЗАНЯТИЕ 7

- Обозначение однонаправленного движения с помощью глаголов типа *пойти* (продолжение):
  - ⊙ Обозначение будущего и предстоящего действия.
  - ⊙ Выражение предложения и согласия (несогласия) при совместном действии.
  - ⊙ Выражения приглашения к совместному действию. Приглашение и просьба.

ПОВТОРЯЕМ

1. Ответьте на вопросы.

1. Как вы провели воскресенье? Куда вы собирались пойти (поехать), но не пошли и почему? 2. Вчера состоялась экскурсия. Вы принимали в ней участие? Вам понравилось? Стоит ли тем, кто не мог пойти вчера, принять участие в повторной экскурсии? 3. Почему ваш товарищ не был на экскурсии? 4. Почему сегодня на занятии нет Анны?

2. Расскажите о себе. Опишите по порядку свой вчерашний день. Используйте глаголы движения.

3. Представьте ситуацию в виде диалога.

Мария собирается поехать в Петербург. Расспросите её о предстоящей поездке. Дайте советы, в частности о том, где побывать, что посмотреть, как и куда добираться и так далее.

4. Ответьте на вопросы.

1. Я хочу заниматься русским языком. Куда мне обратиться? 2. Какие занятия — лекции, семинары — студенты должны посещать обязательно? 3. В какие семинары по русскому языку вы советуете мне записаться? 4. Где можно познакомиться с планом экскурсий? 5. Где можно приобрести билеты в Кремлёвский дворец?

5. Прочитайте и перескажите шутку. Найдите в тексте глаголы движения и объясните их употребление.

Чудесное лекарство

Один молодой человек с таким трудом и так поздно просыпался по утрам, что каждый день опаздывал на работу. Тогда он пошёл к врачу, и врач прописал ему лекарство, чтобы он хорошо спал, а утром легко просыпался и вставал. Обрадованный молодой человек пришёл домой, принял лекарство и лёг спать. Когда он проснулся, то увидел, что будильник ещё не звонил. Довольный, что не проспал, он оделся и пошёл на работу.

—Чудесное лекарство прописал мне врач, — сказал он приятелю. — Я спал как убитый и пришёл на работу даже раньше времени.

—Поздравляю, — ответил приятель, — но где ты был вчера?

 6. Объясните выбор вида глагола (*СВ* или *НСВ*), обозначающего цель движения.

1. —Ты не знаешь, зачем он поехал к Петровым?

   а) —Знаю. Он поехал помогать клеить обои.

   б) —Он поехал помочь установить антенну.

2. —Зачем вы поедете завтра на дачу к Кате Ивановой?

   а) —Мы поедем помогать строить беседку.

   б) —Мы поедем помочь перевесить книжные полки.

3. —Зачем Лиза пошла к соседке?

   а) —Она пошла помогать готовить праздничный ужин.

   б) —Она пошла помочь накрыть на стол.

 7. Прочитайте текст, восстанавливая пропущенные глаголы движения. Для обозначения цели движения используйте глаголы, данные в скобках.

Хороший сувенир

Из книжного магазина вернулись девушки. Они показывают подругам свою покупку. Она всем нравится. Зовут Марию, которая что-то увлечённо читает у окна.

—Мария, ... (смотреть), какой чудесный альбом принесли девушки! Называется «Подмосковье».

—Где? Покажите! Да-а! Альбом и правда хороший. Откуда он у вас?

— Нам сказали, что в книжном магазине «Москва» продаются эти альбомы. Мы ... и ... (покупать).

— Давно это было?

— Да нет, мы только что из магазина.

— Тогда знаете что? Я сейчас, пожалуй, тоже ... ... (покупать) такой альбом. Это хороший сувенир или подарок.

— Нужно ... ... (покупать) сегодня же, а то раскупят и, когда будет нужно, не найдёшь.

— Правда, Мария, ... (покупать)! Себе и мне заодно. Купишь?

— Куплю, конечно.

— А когда ты ... ... (обедать)? Мы же собирались ... ... (обедать) вместе. Тебя ждать?

— Нет, не ждите, ... (обедать) без меня. А я ... ... (покупать) альбомы, а потом ... ... (обедать) Так, кажется, я всё взяла: сумку, зонтик, проездной билет. Ну, я поехала (ехать).

— Удачно тебе ... (ездить)!

ИЗУЧАЕМ

Обозначение однонаправленного движения с помощью глаголов типа *пойти* (продолжение)

Обозначение будущего и предстоящего действия

 8. Прочитайте и перескажите шутку. Скажите, какое действие обозначено глаголом движения в настоящем времени и когда оно произойдёт.

Без осадков

Муж-метеоролог читает сводку погоды.

— В понедельник — без осадков, во вторник — без осадков, в среду — дождь, в четверг — без осадков...

— Дорогой, — перебивает его жена, — сделай так, чтобы в среду тоже было без осадков, ведь мы идём в театр.

9. Проанализируйте диалог, ответив на вопросы.

— *Что вы будете делать сегодня вечером?*
— *Вечером я пойду в театр. / — Вечером я иду в театр.*

1. Скажите, одинаковы ли ответы по смыслу? Если нет, то чем они, по-вашему, различаются?

2. Скажите, каким из двух предложений вы ответили бы на вопрос, если бы ещё не решили, что будете делать вечером. Начните со слов: *Вечером я, может быть* (*возможно, наверное*)…

Какой вывод можно сделать? Какая из форм — *пойду* или *иду* — обозначает предстоящее, то есть обязательное, действие?

3. Если вы решили обязательно пойти в театр и уже купили билет, можно ли в ответе использовать форму *пойду*?

10. Прочитайте текст. Объясните, почему собеседник обиделся?

День рождения или «Лебединое озеро»?

Вчера Саша говорит мне:

— Знаешь, у меня завтра день рождения. Приходи ко мне. Соберутся мои друзья.

— Спасибо, — сказал я Саше, — но завтра я пойду в театр на «Лебединое озеро».

— Жаль! — сказал Саша. И мне показалось, что он обиделся.

11. Ответьте на вопросы, используя глаголы движения и слова, данные в скобках.

Образец: — (в гости) Почему вы не сможете пойти с нами в кино?
— Потому что иду в гости.

1. (министерство) Почему вы не придёте завтра на семинар? 2. (Ясная Поляна) Почему вы не поедете с нами в Архангельское? 3. (Средняя Азия) Почему вы отказались от поездки в Киев? 4. (театр) Почему она не дала вам бинокль? 5. (Суздаль) Почему вы не согласны назначить консультацию на завтра? 6. (Музей Л. Толстого) Почему вы не пойдёте с нами в Музей Достоевского?

12. Ответьте на вопросы, используя глаголы движения и слова, данные в скобках. Включите в реплику сочетания: *к сожалению; спасибо, но..; извините, но…* .

1. (репетиция) Вы сможете задержаться после занятия? 2. (лекция) Вы будете свободны после семинара? 3. (врач) Вы останетесь на кон-

сультацию? 4. (аэропорт, встречать участников конференции) Завтра вы будете на защите дипломной работы Ивановой? 5. (Оружейная палата) Вы можете, если хотите, поехать на экскурсию «Тургенев в Москве». Поедете?

Выражение предложения и согласия (несогласия) при совместном действии

 13. Познакомьтесь с тем, как участники диалогов предлагают поступить в данных ситуациях, как они формулируют свои предложения. Скажите, как выражается согласие с предложением и отказ от него.

1) *Сегодня друзья едут в Псков.*
— А вы знаете, до отхода поезда совсем мало времени. Как бы нам не опоздать!
— Я предлагаю ехать (поехать) на такси.
— Поехали! Предложение принято, все — за!

2) *Изменилось расписание занятий.*
— Говорят, изменилось расписание. Кто пойдёт узнавать новое?
— Может быть, ты, Женя?
— А я предлагаю всем вместе пойти и узнать.
— Правда, пойдёмте вместе. Кто не согласен?
— Все согласны. Идёмте!

3) *Обеденный перерыв.*
— Уже два часа, пора обедать. Идёмте в столовую!
— Я тоже предлагаю сделать перерыв и пойти пообедать.
— Прекрасное предложение! Пошли обедать!

4) *Через два дня — воскресенье. Друзья обсуждают, как провести этот день.*
— Давайте пойдём в кино, посмотрим какой-нибудь хороший фильм!
— В такую погоду в кино? Нет, не пойдём в кино! Идёмте лучше на стадион, там, кажется, будет какая-то футбольная встреча.
— Послушайте, а вам не надоело сидеть в городе? Поехали куда-нибудь за город — в лес, на озеро или на речку. Ведь уже началась золотая осень!

—А что если совместить приятное с полезным? Давайте поедем в Архангельское или в Абрамцево! Там и места прекрасные, и музеи замечательные.

—Ну что ж, поехали!

14. Представьте ситуации в виде диалогов. Предложите сделать что-либо совместно и выразите своё согласие или отказ. Укажите возможные варианты.

Образец: | *В клубе встреча с победителями Олимпийских игр. Предложите всем пойти в клуб.*
—Пойдёмте в клуб на встречу с победителями Олимпийских игр!
—Пошли! / —Я не пойду, я вечером уезжаю в командировку.

1. На кафедре объявили экскурсию «Архитектурные памятники города». Предложите поехать на экскурсию. 2. Гости собираются уходить. Предложите товарищу вместе проводить гостей до остановки. 3. Вы устали сидеть заниматься. Предложите товарищам пойти на спортивную площадку и там побегать, поиграть в футбол. 4. Ваши товарищи хотят ехать до метро на автобусе. Предложите пойти пешком. 5. Вы хотите побывать в осеннем лесу. Предложите в воскресенье поехать за город.

15. Прочитайте диалоги. Обратите внимание на построение реплики, содержащей *предложение что-то сделать*. Ответьте на вопросы.

1) —Мне нужно позвонить руководителю.
   —Пойдём, ты позвонишь.
   —Пошли!

2) —Мне нужно перевести несколько предложений с финского языка.
   —Давай пойдём к Асте. Она — финка и всё тебе переведёт.
   —Идём.

1. Скажите, какое действие будет выполнено совместно?

2. Как можно построить эти диалоги иначе?

16. Обратитесь к собеседнику с предложением сопровождать его.

От собеседника вы узнали, что: 1) у него болят глаза. Он стал хуже видеть. 2) Он хочет купить фотоаппарат и нуждается в вашем совете. 3) Он хочет приготовить обед для гостей, и ему нужны свежие овощи и мясо.

17. Прочитайте диалоги. Обратите внимание на конструкции, которыми выражается приглашение к совместному действию, согласие и отказ от приглашения.

1) Вечером вы идёте в театр. У вас есть лишний билет, и вы решили пригласить свою однокурсницу.

— Наташа, ты любишь балет?

— Люблю, а что? Почему ты об этом спрашиваешь?

— Я хочу пригласить тебя в театр. Сегодня там идёт балет Чайковского «Щелкунчик». Пойдём?!

— С удовольствием! Я давно мечтала посмотреть именно этот балет.

2) Вы увидели вашего товарища и остановили его. Он приглашает вас на чашку кофе.

— Андрей, постой, куда ты идёшь?

— А, Юра! Хорошо, что я тебя увидел. Я иду в буфет, хочу выпить кофе. Пошли со мной, выпьем кофе и поговорим.

— Я с удовольствием пошёл бы, но я жду Нину, она должна вот-вот подойти.

18. Придумайте диалоги. В ответ на вопрос собеседника сообщите, куда и с какой целью вы направляетесь. Пригласите его с собой. Используйте словосочетания *если хочешь, если хотите.*

Образец: | — Вы в буфет?
| — Да, мы идём выпить какого-нибудь сока. Пойдём с нами, если хочешь.
| — Я с удовольствием пойду.

1. — Вы в книжный магазин? 2. — Вы собрались в какой-то музей? 3. — Вы куда, на спортплощадку? 4. — После лекций вы поедете в центр?

19. Ответьте собеседнику предложением присоединиться.

1. Может быть, мне тоже пойти с вами посмотреть новый фильм? 2. Не поехать ли мне с вами во Владимир? 3. Вы собираетесь идти играть в волейбол? Может быть, и мне пойти с вами? 4. Вы разрешите мне поехать с вами в Останкинский музей? 5. Можно мне пойти с вами в бассейн? 6. Могу я с вами пойти в Третьяковскую галерею? 7. Вы в магазин? Возьмите меня с собой!

20. Прочитайте диалог. Обратите внимание на построение реплики, содержащей *приглашение*. Ответьте на вопросы.

— Куда ты идёшь?
— В киоск. Пойдём со мной, я куплю стержень для ручки.
— Пойдём!

1. Какие действия будут выполнены совместно?
2. Как можно иначе построить этот диалог?

21. Представьте ситуации в виде диалогов. Скажите, куда и зачем вам нужно пойти (поехать). Пригласите собеседника сопровождать вас. Выразите согласие и отказ.

Вам нужно: 1) сдать книги в библиотеку; 2) взять часы из ремонтной мастерской; 3) послать поздравительную телеграмму другу; 4) отвезти курсовую работу руководителю (он живёт в центре города).

22. Продолжите диалоги. Обратитесь с предложением сделать что-либо совместно или приглашением и ответьте согласием или отказом.

1. — Мне сказали, вы идёте завтра в Музей изобразительных искусств. 2. — Эта электричка слишком переполнена. 3. — Я плохо переношу автобус, меня укачивает. 4. — Я бы поехал (а) с тобой, но мне надо сдать книгу в библиотеку. 5. — Мне кажется, мы идём слишком медленно и можем опоздать. 6. — Вы идёте на вечер встречи с писателями?

23. Сравните диалоги попарно. Различаются ли выделенные предложения по значению? В чём это различие?

—Я не люблю спортивные соревнования. Мне кажется, это скучно.	—Я не люблю спортивные соревнования. По-моему, это скучно.
—Вы действительно так думаете? *Пойдёмте на стадион, вы увидите, как это увлекательно!*	—Вы действительно так думаете? *Пойдите на стадион, вы увидите, как это увлекательно!*

24. Сравните предложения. Скажите, совпадают ли они по значению? Включите данные предложения в подходящий по смыслу контекст.

—*Пойдёмте с нами!*
—*Пойдите с нами!*

1. Мы идём в парк. В такую погоду не надо сидеть дома. ... . 2. Вы хорошо знаете музей, можете показать и рассказать много интересного. Не откажитесь помочь нам. ... .

1. У вашего соседа было плохое настроение, и вы хотели его развлечь. Вы предлагали то одно, то другое, но он не соглашался. Напишите об этом подробно, расскажите, чем всё кончилось.

2. Опишите праздничный день. Куда вас приглашали? Какое приглашение вы приняли? Обращались ли вы сами к кому-нибудь с приглашением, предложением, просьбой?

ЗАНЯТИЕ 8

- ● Обозначение завершённого двунаправленного движения.
  - ⊙ Вид глагола и значение приставки *с-*.
  - ⊙ Вид и форма глагола, обозначающего цель движения.
  - ⊙ Различение форм *ходил/сходил*.
  - ⊙ Параллельное употребление глаголов типа *пойти — сходить*.
  - ⊙ Различение глаголов *съездить* и *съехать/съезжать*. Омонимия глаголов *сходить* (СВ) и *сходить* (НСВ).

ПОВТОРЯЕМ

1. Представьте ситуацию в виде диалога.

Завтра в 9-й аудитории демонстрируется новый фильм. Нас приглашают. Что вы предлагаете? Если вы пойдёте, пригласите и своего товарища.

2. Побеседуем! Нужно составить план экскурсий, поездок в города, посещений театров, музеев, выставок и т. п. на семестр. Что вы предлагаете включить в план?

3. Расскажите о себе. Поделитесь своими планами.

1. Планируете ли вы поездки в другие города? В какие и когда?
2. Собираетесь ли вы домой на ближайшие праздники, на каникулы?

4. Передайте содержание диалогов, используя глаголы движения.

1. — Вы будете завтра на встрече с журналистами? — К сожалению, нет: друзья пригласили меня в театр. 2. — Мы могли бы встретиться завтра после обеда? — К сожалению, нет: я приглашён в гости. 3. — Почему вы отказались от поездки в Казань? — Потому что у нас в это время поездка в Петербург. 4. — Ты можешь завтра остаться дома, не ходить на факультет? — Нет, у меня завтра встреча с научным руководителем. 5. — Хочешь завтра с нами на экскурсию в Ясную Поляну? — Спасибо за приглашение, но я вынужден отказаться: завтра я встречаю друзей в аэропорту. 6. — Нина, ты куда? — К соседке на минутку. Сейчас вернусь. — Ладно. А то ведь

нам скоро в театр. 7. — Что ты делал вчера? Где-нибудь был? — Вчера был выходной. Мы встали поздно, позавтракали и отправились в музей Пушкина. Мы давно хотели там побывать. Пешком до метро, потом на метро до станции «Кропоткинская», а от метро до музея пешком минут десять.

 5. Прочитайте текст, восстанавливая пропущенные глаголы движения. Укажите возможные варианты.

На премьере

Мы встретились с другом перед лекцией.

— Ты знаешь, — сказал он, — в «Современнике» премьера. Ты хочешь ... ?

— Давай ... , мне интересно, что и как ставит этот театр. После занятий я могу ... купить билеты, а потом позвоню тебе.

И вот билеты куплены. Звоню другу:

— С билетами всё в порядке. Спектакль завтра. Как мы ... и где встретимся?

— Ты меня извини, — отвечает друг, — но завтра я ... в гости, обещал и не могу не .... Пригласи кого-нибудь вместо меня, на премьеру каждый ....

Звоню Саше.

— Саша? Привет! Да, это я, ты угадал. Я хочу пригласить тебя в театр. У меня есть два билета в «Современник», на премьеру. ... !

— Я с удовольствием ... , но сегодня не могу: я ... к дяде на дачу.

— Да нет, это не сегодня, завтра!

— Ах, завтра? Тогда другое дело. Я, конечно, ...

— Давай встретимся у театра. Я ... не из дома, а от знакомых.

Саша приходит к театру почти одновременно со мной. Мы ... раздеваться.

— Ты уже был в этом театре?

— Нет, я здесь впервые.

— Тогда ... осмотрим фойе. Здесь, по-моему, приятно, уютно.

— Хорошо, ... !

Мы осмотрели фойе, купили программку, и в это время раздался второй звонок.

— ... в зрительный зал, — предлагает Саша. — Мне хочется его рассмотреть. Ты не против?

—Нет, конечно, ... !

Спектакль кончился около одиннадцати.

—Как мы ... ? — спрашиваю я.

—... пешком до метро, — предлагает Саша. — Сегодня такой тёплый вечер, не хочется ... в душном троллейбусе.

—Хорошо, ... , — соглашаюсь я.

Мы ... и обсуждаем спектакль.

 6. Прочитайте текст, восстанавливая пропущенные глаголы движения. Для обозначения цели движения используйте глаголы, данные в скобках (глаголы даны в НСВ).

Вышла новая кинокомедия

—Вышла новая кинокомедия Э. Рязанова. ... . (смотреть)! По-моему, это интересный режиссёр. Он создал такие фильмы, как «Карнавальная ночь», «Берегись автомобиля», «Ирония судьбы, или С лёгким паром», «Служебный роман», «Вокзал для двоих», «Жестокий романс». Думаю, стоит ... ... (смотреть).

—Хорошо, ... (смотреть)! А как с билетами?

—После занятий я ... ... (покупать) билеты, а ты, если тебе не трудно, возьми вот эти книги и ... ... (сдавать) их в библиотеку. Встретимся в общежитии в пять.

—А успеем? Сколько ... от общежития до кинотеатра?

—За полчаса .... Только нигде не задерживайся!

—Постараюсь.

Однако в пять часов товарища дома не было.

—Где он? — спрашиваю.

—Он ... ... (сдавать) книги в библиотеку.

Наконец, мы встретились.

—Как мы ... ?

—Можно ... до метро «Университет» на троллейбусе, а там пересесть на другой троллейбус и ... до кинотеатра.

—Так мы можем опоздать. ... на такси!

—... ! Я не возражаю. Стоянка вон там. ... быстрее!

Успели!

Советуем и вам: ... ... (смотреть) новую кинокомедию!

Обозначение завершённого двунаправленного движения

Вид глагола и значение приставки *с-*

 7. Прочитайте диалоги. Определите значение и вид глагола с приставкой *с-*.

1) — Я только что вернулся из Петербурга.

— Как ты *съездил*?

— Мне очень понравился город. И вообще я удачно *съездил*: нашёл интересный материал для дипломной работы.

2) — Вы собирались в аптеку. Пойдёте?

— Я уже *сходила*.

— Когда же?

— Я успела *сходить* во время перерыва.

 8. Прочитайте диалоги. Скажите, какой глагол в данных предложениях указывает на однократное движение, а какой — на повторяющееся.

1. Как он стал болельщиком? — Очень просто: сходил один раз на матч и с тех пор ходит на все матчи, «болеет». 2. Ты еще будешь играть в хоккей? — Завтра последний раз схожу на каток, а потом буду ходить в бассейн. 3. Скажите, стоит мне записаться на этот семинар? — Сходите на одно занятие, посмотрите. Если вам понравится и будет не трудно, ходите занимайтесь.

Вид и форма глагола, обозначающего цель движения

 9. Прочитайте текст. Определите вид и форму глагола, обозначающего цель движения.

Сходить бы на прощанье...

— Значит, ты едешь завтра. Ты уже всё сделал?

— У меня было три дела: купить сувениры, сдать книги в библиотеку и дать телеграмму домой, чтобы встречали. Сувениры я съездил купил вчера, книги сходил сдал сегодня, а после обеда схожу дам телеграмму. Сходить бы ещё на прощанье посмотреть что-нибудь в «Современнике»!

— Давай сходим! Сегодня там премьера.

10. Продолжите диалоги. В ответной реплике сообщите, что действие, о котором идёт речь, уже выполнено.

1. 1) — Пойти закрыть дверь? 2) — Пойти пригласить Сашу на вечер песни? 3) — Пойти отправить телеграмму? 4) — Пойти купить билеты в клуб? 5) — Пойти сдать её книги в библиотеку? 6) — Пойти предупредить товарищей об экскурсии?

2. 1) — Вы собирались поехать на выставку. Вы поедете? 2) — Он собирался в банк. Он пойдёт? 3) — Вы собирались пойти в столовую. Когда вы пойдёте? 4) — Вы собирались пойти купить учебник. Когда вы пойдёте? Я бы пошёл с вами. 5) — Вы собирались поехать с друзьями в Коломенское. Когда вы поедете?

11. Скажите, что нужно (необходимо) или можно сделать в данных ситуациях.

1. В нашем киоске словаря уже нет — распродан. 2. Они совсем не знакомы с русской живописью. 3. Она хочет познакомиться с древнерусской живописью. 4. Они ещё не были в древних русских городах. 5. Тема её работы «Творчество Льва Толстого». 6. Он занимается историей русского театра. 7. Он специалист по французской живописи конца XIX – начала XX века.

12. Продолжите диалоги. На реплику собеседника ответьте согласием, просьбой или советом.

1) — Я хочу сходить пообедать. — Конечно, … 2) — Сходить купить какой-нибудь воды? Пить хочется. — Да, … 3) — Может быть, мне завтра съездить посмотреть выставку, пока она не закрылась? — Конечно, … 4) — Я думаю, нужно съездить встретить товарищей. — Конечно … 5) — Если хочешь, я могу сходить ксерокопировать текст. — Да, … 6) — Как по-твоему, сходить послать Вадиму поздравительную телеграмму? — Обязательно …

13. Скажите собеседнику, что вам нужно сделать, и распределите обязанности между ним и собой.

Образец: Нам нужно отнести на кафедру наши работы и взять у Саши видеокассету. Я пойду отнесу работы, а ты съезди возьми у Саши кассету.

Список дел: 1) сдать книги в библиотеку и купить билеты на поезд; 2) повесить объявление о вечере и узнать время консультации; 3) отдать Марии словарь и купить карту города; 4) сдать костюм в химчистку и купить в магазине молока и сыра.

14. Ответьте на вопросы, используя глаголы движения. Выразите совет, предложение.

1. Что вы советуете посмотреть в кино? 2. Что вы хотите посмотреть или послушать в Большом театре? 3. На какой выставке стоит, по-вашему, побывать? 4. В каких подмосковных усадьбах, музеях стоит побывать? 5. Мне нужно пособие по русскому языку. Где можно его купить? 6. Где можно купить хорошие русские сувениры?

Различение глагольных форм *ходил/сходил*

15. Сравните диалоги попарно. Сделайте вывод: в каких случаях употребляются глагольные формы *ходил/ездил*, а в каких — *сходил/съездил*.

1) — Что вы делали вчера вечером? — Ходил в кино.	— Вы собирались вчера пойти в кино. — Я сходил.
2) — Как вы провели каникулы? — Я ездил в Петербург.	— В каникулы вы собирались ехать в Петербург. Почему же вы едете в Ярославль? — В Петербург я уже съездил.

16. Скажите, в какой ситуации вы зададите следующие вопросы:

1) — Ты ходил вчера куда-нибудь?	— Ты сходил вчера к врачу?
2) — Ты уже ездил в какой-нибудь русский город?	— Ты уже съездил в Петербург?
3) — Ты уже ходил обедать?	— Ты уже сходил пообедал?

17. Побеседуем! Выясните у собеседника, выполнил ли он свой план, своё намерение, о котором вам было известно? Узнайте также, был ли он где-нибудь в последнее время, какие у него новости.

Параллельное употребление глаголов типа *пойти — сходить*

18. Сравните предложения и скажите, отличаются ли они по значению. Укажите, какое из них может быть второй репликой начатого диалога.

1. — *У меня резко ухудшилось зрение.*

— Вам нужно пойти к врачу. | — Вам нужно сходить к врачу.

2. — *Где вы будете отдыхать летом?*

— Мы решили поехать на море. | — Мы решили съездить на море.

3. — *Одним словом, ты купишь сегодня книги?*

— Да, я сегодня же поеду куплю. | — Да, я сегодня же съезжу куплю.

4. — *Кажется, кто-то пришёл.*

— Пойди посмотри кто. | — Сходи посмотри кто.

5. — *Где ты взял этот журнал?*

— Пошёл купил в киоске. | — Сходил купил в киоске.

6. — *Устал заниматься: весь день сижу читаю.*

— Пошёл бы погулял: погода от- | — Сходил бы погулял: погода от-
личная. | личная.

19. Ответьте на вопросы, используя глаголы типа *пойти* или *сходить*. Укажите возможные варианты. Скажите, в каких случаях можно употребить оба глагола?

1. Когда вы сдадите книги? 2. Когда вы запишетесь в библиотеку иностранной литературы? 3. Ты не хочешь посмотреть новый фильм? Говорят, картина неплохая. 4. Где вам советуют провести каникулы? 5. Что вы собирались делать завтра? Что вам предложил товарищ? Что вы в конце концов решили? 6. Где вы возьмёте эту книгу? 7. Вы не знаете, где сейчас Андрей? 7. Вы успели купить билеты на вечерний рейс? 8. Вы не хотите сходить завтра на выставку кошек? 9. Не знаю где можно купить эти таблетки. Что вы мне посоветуете? 10. Когда ты собираешься вернуться домой?

20. Рассмотрите таблицу и ответьте на вопросы.

		сходить	*пойти*
успеть, забыть	*Куда?*	Мы успели сходить в киоск; Он забыл сходить на почту.	
	+ глагол	Мы успели сходить пообедать; Она забыла сходить в магазин.	
за + В. п.	*Куда?*	За час мы сходим в мастерскую; За три дня мы съездим в Новгород.	
	+ глагол	За час мы сходим пообедаем; За это время я могу сходить узнать новое расписание.	
на + В. п.	*Весь, целый, надолго, 5–10 лет и т. п.*		Мы поедем туда на весь день; Они поехали за границу надолго, на целых три года.
	День, денёк, денька два, часок, неделька, минутка и т. п.	Хочу на недельку съездить отдохнуть; Подождите меня, я схожу на минутку на кафедру; Давайте завтра сходим к Верочке на часок.	Хочу поехать отдохнуть хотя бы на недельку; Я поеду туда ненадолго, дня на два; Надолго ты пойдёшь? — Да нет, на полчасика, максимум на час.

1. В каких случаях употребление глагола типа *сходить* является единственно возможным или предпочтительным?

2. В каком случае единственно возможным или предпочтительным является употребление глагола типа *пойти*?

3. В каком случае глаголы типа *пойти* и *сходить* могут употребляться параллельно?

21. Ответьте на вопросы, используя глаголы движения.

1. До лекции час. Вы успеете пообедать за час? 2. Сколько времени вам нужно, чтобы сходить сдать книги в библиотеку? 3. Вам не удастся поехать в Сочи надолго. У вас всего три дня свободного времени. 4. Долго он собирается пробыть в Петербурге? 5. Надолго ты собираешься к подруге? 6. Вы сказали, Нина у подруги. А долго она там будет? 7. Вы хотели сегодня пойти записаться на какую-то экскурсию. Вы не забыли это сделать?

22. Расскажите о себе. Используйте глаголы движения.

1. Где вы успели побывать за время пребывания в России? Что ещё вы хотели бы увидеть? 2. С какими достопримечательностями вы ещё не успели познакомиться? Куда вы собираетесь в ближайшее время? 3. Какие планы у вас на следующую неделю? 4. Где и когда вы собираетесь сегодня обедать? 5. У вас был гость. Что вы смогли показать ему в городе? 6. Что вы забыли сделать вчера?

23. Сравните пары диалогов, ответив на вопросы.

1) а) — Я ещё не был в цирке. Давай сходим посмотрим!
       — Пошли! Я люблю цирк.

   б) — Съездим завтра к Саше! Он только что вернулся из поездки. Расскажет что-нибудь интересное.
       — Хорошо, съездим!

2) а) — Давай сходим в «Оптику», ты закажешь себе очки!
       — Давай! Ты поможешь мне выбрать оправу.

   б) — Нужно сходить отдать Марии книгу.
       — Давай сходим вместе, ты отдашь книгу, а потом мы подумаем, что делать.
       — Хорошо, пойдём!

1. В каких диалогах речь идёт о совместном движении и дальнейшем действии?

2. В каких диалогах речь идёт только о совместном движении?

3. Как выражается согласие с предложением *отправиться куда-либо вместе, побывать где-либо вместе* при использовании глаголов типа *сходить, съездить?*

24. Предложите собеседнику помощь в его делах. Скажите, что вы сделаете сначала, а что потом.

Ваш собеседник болен и нужно: 1) заказать лекарства в аптеке; 2) отправить его письма друзьям; 3) отнести учебник товарищу по группе.

25. Исходя из ситуации, предложите собеседнику вместе отправиться по его делам или попросите его сопровождать вас туда, куда вы отправляетесь по вашим делам. Используйте глаголы *сходить, съездить.*

1. Ему нужно купить фотокамеру. 2. Вам нужно сфотографироваться на студенческий билет. 3. Вам нужно взять справку в деканате. 4. Ему нужно перерегистрировать читательский билет.

> **Различение глаголов *съездить* и *съехать/ съезжать.* Омонимия глаголов *сходить* (СВ) *сходить* (НСВ)**

26. Прочитайте и перескажите шутку. Скажите, какое значение имеет приставка *с-* в глаголе *съездить* и в глаголах *съехать/съезжать.*

Нашёл выход

Когда начались солнечные зимние дни, Пётр Петрович решил поехать куда-нибудь отдохнуть. Все советовали ему съездить в горы, покататься на горных лыжах. Горные лыжи — это красивый вид спорта и хороший отдых. Пётр Петрович послушался и поехал. Но когда он увидел, как лыжники съезжают с горы, он испугался. «Это не для меня, — подумал он. — Пусть съезжают другие. Я не хочу сломать себе шею. А что, если все будут спрашивать, почему я не катаюсь? Не могу же я сказать, что боюсь съехать с горы!»

И тут ему пришла в голову спасительная мысль. Он достал бинт и забинтовал себе ногу. Теперь он целыми днями загорал на солнце и рассказывал всем, как сломал ногу, когда съезжал с вершины крутой горы.

27. Расскажите о себе. Используйте глаголы движения.

1. Приходилось ли вам кататься на горных лыжах? Любите ли вы этот вид спорта и почему? 2. Катались ли вы когда-нибудь с горы на санках? Когда это было?

28. Сравните словосочетания, ответив на вопросы.

сходить в магазин;

сходить по лестнице.

1. Один или разные глаголы движения используются в данных словосочетаниях?
2. Глаголы какого вида используются в этих словосочетаниях?

29. Прочитайте словосочетания и определите вид выделенных глаголов.

Сходить на выставку; *съездить* за город; *сходить* за газетами; *сбегать* за очками; *слетать* на несколько дней домой; сплавать на островок; слазить на дерево (на крышу, в подвал, в пещеру); *сводить* кого-нибудь в картинную галерею; свозить, кого-нибудь на море.

30. Используя подходящие по смыслу словосочетания из задания **29**, ответьте на вопросы и постройте диалоги по ситуациям 2, 3, 5, 6.

1. Завтра вы свободны. Что вы решили сделать? 2. Что предлагал вам сосед? 3. В почтовом ящике лежат газеты. О чём отец просит сына? 4. На автобусной остановке вы обнаружили, что забыли очки дома. Что вы решили сделать? 5. Недалеко от берега — островок. Что предложил вам товарищ, который любит поплавать? 6. Вы обсуждаете, что показать в городе гостям. Что предлагают ваши собеседники? 7. Мальчик никогда не был на море. О чем он мечтает?

РАБОТАЕМ САМОСТОЯТЕЛЬНО

1. Напишите письмо другу. Поделитесь с ним своими новостями и впечатлениями.
2. Напишите об экскурсии по столице вашей страны (или по вашему родному городу), которую вы провели или могли бы провести для ваших друзей.

● Обозначение повторяющегося однонаправленного движения.

● Глаголы группы *ходить* с приставками непространственного значения.
  ◉ Обозначение ограниченной длительности ненаправленного движения.
  ◉ Обозначение ограниченной повторяемости двунаправленного движения.

● Глаголы группы *идти* с приставками пространственного значения:
  ◉ Образование видовых пар.
  ◉ Значение и употребление.

ПОВТОРЯЕМ

1. Ответьте на вопросы. Используйте глаголы движения.

1. Сегодня на занятии нет Марии. Почему? 2. Вас не было на экскурсии. Почему? 3. Какие планы были у вас на эту неделю? Что вам удалось выполнить, а что вы отложили на другое время?

2. Побеседуем! В вопросах и ответах используйте глаголы движения.

1. В Москву на каникулы приехал ваш друг с сыном-первоклассником. Что вы посоветуете показать мальчику в Москве?

2. К вам в гости на три дня приезжают ваши друзья. Обсудите и предложите программу их пребывания.

3. Передайте содержание диалогов, используя глаголы движения. Укажите возможные варианты.

1. —Куда мы отправимся завтра? —Я хочу показать вам нашу картинную галерею. 2. —Что вы хотите показать нам в воскресенье? Куда мы отправимся? —Я познакомлю вас с подмосковным музеем-усадьбой

«Абрамцево». Я люблю этот музей и показываю его всем своим гостям. 3. — Кто показывал вам главное здание университета? — Кто-то из сотрудников кафедры русского языка. 4. — Какой тяжёлый чемодан! Что ты в него положила? Ты не сможешь его поднять, не то что передвигаться с ним. — Не волнуйся, чемодан возьмёт Саша, а мы — цветы и вот эти лёгкие пакеты. 5. — Вчера мы видели тебя в метро с твоими гостями. Куда вы спешили? — В цирк. Мы были на дневном представлении. Все любят цирк, поэтому я обычно стараюсь побывать с гостями на цирковом представлении. 6. — Я приглашаю вас в мой родной город. Вам понравится у нас. Я буду вашим гидом, покажу вам город, музеи. Мы побываем в каком-нибудь театре. — Я принимаю ваше приглашение. Этим летом я буду вашим гостем. 7. Родители заботятся о здоровье ребёнка и каждый год бывают с ним на море или в деревне. 8. После дождя на улице было мокро и грязно. Пришлось взять ребёнка на руки.

 4. Передайте содержание диалога, используя глаголы движения. Укажите возможные варианты.

— Что ты будешь делать сегодня?
— Собираюсь в кино.
— Можно мне с тобой?
— Конечно! Я буду рад.
— А в какой кинотеатр ты собирался? Я предлагаю отправиться в «Звёздный».
— Давай лучше в «Прогресс», это ближе.
— Согласен. Мы как, пешком или на троллейбусе?
— Пешком! Здесь не так далеко. Через 20 минут будем на месте.
— Тогда в путь! А ты знаешь, я был за городом.
— Где?
— В Абрамцево. Устроил себе экскурсию.
— А как туда добираться? На автобусе или на электричке?
— Мы добирались на автобусе.
— А далеко это от Москвы? Сколько времени займёт дорога?
— Это не очень далеко. Мы добрались за час.
— Кто был с тобой?
— Два моих приятеля. Ты их не знаешь.
— Долго вы там были?
— Собирались часа на два, а были около трёх. Если ты там не был, советую обязательно побывать.

—Обязательно побываю. Смотри, не заметили, как уже полдороги позади. Скоро будем на месте.

—Осторожно, трамвай! Ой, смотри, Нина. Помахала мне рукой из окна.

—Ну вот мы и на месте. Быстро покупаем билеты! [Кассиру]: Два, пожалуйста, подальше от экрана, если можно. [Товарищу]: Так, билеты куплены. Сколько у нас времени до начала? Мы сразу в зрительный зал или погуляем?

—Давай погуляем. Да, ты, наверное, был в Музее Маяковского? Как туда добираться? У нас будет экскурсия, но я хочу явиться прямо к музею.

—Очень просто: отсюда пешком до метро, сядешь в первый вагон и до станции «Лубянка». Выход в сторону Политехнического музея, вперёд по переходу, минуты три ходьбы. Если что — спросишь, дорогу каждый подскажет.

—Спасибо, как-нибудь доберусь. Ну а теперь в зрительный зал, а то мы опоздаем к началу. После третьего звонка вход в зрительный зал запрещён.

После фильма:

—Тебе понравился фильм?

—Очень! Нужно сказать ребятам, пусть посмотрят!

 5. Прочитайте текст, восстанавливая пропущенные глаголы движения. Укажите возможные варианты.

Ждём Нину

Мы ждали Нину и разговаривали.

—Хотите . . . Коломенское?

—Спасибо, но я уже был там.

—Давно?

—Мы . . . в конце сентября.

—Как вы туда добирались?

—До метро . . . на автобусе, а потом . . . на метро до станции «Коломенская».

—Далеко это от вас?

—Мы . . . 40 минут. Может быть, другим путём можно . . . быстрее.

—Я тоже . . . на метро. Это удобно, хотя от метро до музея . . . довольно далеко.

—А мы на следующей неделе . . . в Ясную Поляну. Хотите . . . с нами?

— Ну разумеется! Я давно собираюсь туда . . . . А можно мне . . . с вами?

— Я же и говорю: . . . с нами! В автобусе есть свободные места.

— Где и когда вы собираетесь?

— Мы . . . от главного здания университета. Сбор в 7 часов утра.

— Смотрите, а вон и Нина . . . !

6. Опишите рисунки. Придумайте историю одной поездки в горы. Используйте глаголы движения *съездить, съехать, съезжать*.

Обозначение повторяющегося однонаправленного движения

7. Сравните предложения, ответив на вопросы.

— Она *часто заходила* ко мне, *когда шла* домой.
— Мы *доходили* до реки и *шли* обратно.

1. Какое движение представлено в предложениях — однократное или повторяющееся?

2. Какой *тип контекста* используется в каждом из предложений? (Вспомните материал, изучавшийся в занятии 1).

8. Прочитайте предложения и ответьте на вопросы.

1) До метро я шёл с товарищем, и мы говорили о нашем проекте. 2) Утром в автобусе ехало много студентов, потому что конечная остановка была у студенческого общежития.

1. Какое действие представлено в предложениях — однократное или повторяющееся?

2. Как нужно изменить предложения, чтобы выразить обычное, регулярное действие?

9. Измените предложения, чтобы выразить действие, которое уже произошло.

1. Работает он так: прозанимавшись час, откладывает книги и идёт отдохнуть. 2. Когда начинается отпуск, я беру билет и еду в деревню или в горы.

10. Прочитайте текст, восстанавливая пропущенные глаголы движения.

В первый класс

Первого сентября начался учебный год, и Миша начал . . . в школу. В 7 часов его будила бабушка. Он вставал, делал зарядку, завтракал и . . . на урок. Учиться было весело и интересно. Мишу удивляло, как быстро проходили уроки. Звенел звонок, и ребята . . . на перемену. Когда же кончался последний урок, Миша укладывал всё в портфель и . . . домой. Дома его уже ждала бабушка. «Наш ученик пришёл!» — говорила она. Потом она кормила внука и слушала его рассказы о школе. Поев, Миша . . . в свою комнату делать уроки. Готовил он их быстро, а приготовив, ... гулять. В хорошую погоду во дворе часто играли в мяч, а зимой Миша брал коньки и ... на каток. Вернувшись, он собирал портфель, умывался и ложился спать, чтобы завтра снова ... в школу.

11. Расскажите о себе. Используйте глаголы движения.

Любили ли вы ходить в школу? Расскажите, как вы ходили в первый класс. Какой режим дня был у вас тогда и какой сейчас?

12. Побеседуем! В вопросах и ответах используйте глаголы движения.

1. Как вы обычно проводите ваш день? 2. Что вы расскажете о вашем обычном учебном дне, когда вернётесь домой, на родину? 3. Опишите, как вы представляете себе рабочий день врача, учителя, артиста.

13. Опишите рисунки. Расскажите «ужасную» историю, которая случилась однажды. Объясните, почему в этой истории нужно использовать глаголы движения с приставкой по-.

Глаголы группы *ходить* с приставками непространственного значения

> **Обозначение ограниченной длительности ненаправленного движения**

14. Изучите таблицу глаголов движения типа *ходить* с приставками непространственного значения[10]. Определите вид этих глаголов.

Приставка	Пример	Значение
по-	1. Я хочу поездить по стране; Мы походили ещё минут десять и пошли домой.	1. Совершить ненаправленное движение в течение некоторого, чаще непродолжительного времени (*недолго, немного*).
	2. Я хочу походить на спектакли этого режиссёра; Советую походить на лекции профессора Иванова.	2. Совершить двунаправленное движение, ограничив количество повторений.
про-	1. До обеда проездили по городу; Прокатались на велосипедах (целый час) и пропустили фильм по ТВ.	1. Заполненность ненаправленным движением некоторого (чаще длительного) отрезка времени, обычно указанного в предложении.
	2. Полдня проездили в город; Пошёл на минутку к соседям взять газету, а проходил полчаса.	2. Заполненность двунаправленным движением некоторого (чаще длительного) отрезка времени, указанного в предложении.
за-	Оказавшись в клетке, ёж забегал, ища выход; В коридоре заходили, забегали: начался перерыв.	Начало ненаправленного движения (в глаголах *заходить, забегать, залетать, заплавать*).

---

[10] Глаголы типа *добегаться, находиться, забегаться, отъездиться* и подобные в пособии не рассматриваются. О глаголах типа *сходить, съездить* см. занятие 8.

с-	Во время каникул они съездили в Петербург; Ещё есть время, мы успеем сбегать в книжный магазин.	Однократное движение к цели и обратно. (Приставка с- присоединяется не ко всем глаголам группы *ходить*).

Обозначение ограниченной повторяемости двунаправленного движения

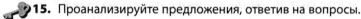**15.** Проанализируйте предложения, ответив на вопросы.

1. Перед сном мы немного походили по парку. 2. Ты замёрз, побегай! Согреешься. 3. Если хочешь познакомиться с репертуаром театра, с работой его режиссёра и его актёрами, надо походить на спектакли.

1. Какой тип движения представлен в данных предложениях?
2. Какое значение имеет приставка *по-* в глаголах движения? Найдите в предложениях слова, которые поддерживают это значение.
3. Глаголы какого вида используются в предложениях?

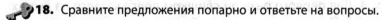**16.** Побеседуем! В вопросах и ответах используйте глаголы движения.

Что нужно сделать, если хочешь познакомиться: 1) со страной; 2) с городом; 3) с культурной жизнью города; 4) с музеями; 5) с театрами; 6) с современной музыкой.

17. Расскажите о себе.

Как вы занимаетесь: сидите работаете, пока не закончите, или устраиваете перерывы? Как вы отдыхаете? Что делаете во время перерыва: лежите на диване, слушаете музыку, едите что-нибудь вкусное, пьёте чай или кофе, выходите на воздух, бегаете или разговариваете по телефону с друзьями? Как вы занимались вчера?

18. Сравните предложения попарно и ответьте на вопросы.

1) Мы пришли в лес и ходили там до обеда.	Мы пришли в лес и проходили там до самого обеда.
2) Мы ездили по улицам праздничного города почти час.	Мы проездили по улицам праздничного города почти час (всего час, целый час).

1. Какой тип движения представлен в предложениях?
2. Какое значение имеет приставка *про-* в глаголах движения?
3. Какого вида глаголы с приставкой *про-*?

19. Прочитайте примеры употребления глаголов движения с приставками *по-* и *про-*. Выпишите глаголы движения вместе с обстоятельствами времени. Скажите, почему в диалогах, данных под цифрой 1, при глаголах несовершенного и совершенного вида использована одна и та же временная конструкция, а в диалогах, данных под цифрой 2, при глаголах совершенного вида использованы разные временны́е конструкции?

1. —Наконец-то выпал снег. Вы, конечно, уже катались на лыжах?

а) —Да, вчера мы почти час катались на лыжах.

б) —Вчера мы покатались недолго, всего час.

в) —Вчера мы прокатались целый час, даже ноги болят.

—Большая выставка? Сколько времени вы там ходили? Час? Два?

а) —Мы ходили час, а Андрей походил полчаса и ушёл.

б) —Мы проходили два часа. Выставка большая и интересная.

2. —Они съездили в театральную кассу за час, а мы проездили два часа.
—Мы думали, что сходим в магазин за полчаса, а на деле проходили целый час.

20. Ответьте на вопросы. Подчеркните длительность движения, указав, *сколько времени* или *до какого времени* оно продолжалось.

1. Долго вы вчера ездили по городу? 2. Долго мальчики бегали по двору? 3. Долго он водил вас по музею? 4. Долго вы катались на велосипедах?

21. Подтвердите продолжительность движения. Укажите конкретный отрезок времени.

1. Они очень долго ходили по выставке цветов. 2. По-моему, они слишком долго ездили за покупками. 3. Мальчик забыл об уроках и долго катался на санках. 4. Для первого раза он слишком долго катался на лыжах: будут болеть ноги. 5. По-моему, сегодня мы бегали дольше, чем вчера.

22. Восстановите пропущенные приставочные глаголы движения.

1. Моя подруга считала, что после обеда полезно немного . . . . 2. Вода в реке как парное молоко. Давай ещё немного . . . ! 3. Против нашего ожидания, они . . . по книжной выставке до самого обеда. 4. У нас к вам просьба:

немножко ... нас по городу, вы же здешний коренной житель. 5. В такой мороз по парку долго не .... 6. Если вы устали сидеть на одном месте, ... или ...! 7. Думал, немного ... и вернёмся домой, а ... долго и опоздали к обеду. 8. Вот бы ... на горных лыжах!

23. Сравните предложения. Определите значение приставки в глаголе движения и вид глагола. Укажите тип движения.

1. Мы проходили этот мост, когда шли по набережной. / Мы проходили по набережной до заката солнца. 2. За час мы прошли 5 километров, хотя раньше проходили только четыре. / Мы поехали на выставку собак и проходили там часа два.

Глаголы группы *идти* с приставками пространственного значения

Обозначение видовых пар

24. Изучите таблицу образования видовых пар глаголов движения с приставками пространственного значения (группа *идти*). Ответьте на вопросы[11].

Бесприставочные глаголы группы *идти*	Приставочные глаголы СВ и НСВ	Способ образования НСВ приставочных глаголов
ехать	*приехать/приезжать*	От основы — *езжа(ть)*
плыть	*переплыть/переплывать*	
катить *тащить*	*откатить/откатывать* *втащить/втаскивать*	С помощью суффикса:
лезть *ползти* *бежать* *брести*	*влезть/влезать* *вползти/вползать* *вбежать/вбегать* *забрести/забредать*	-ва- -ыва- / -ива- -á-

---

[11] Приставочные глаголы СВ, образованные от глагола **ехать**, не образуют формы императива, в этой роли используется императив соответствующих глаголов НСВ: *доехать/доезжайте!; приехать/приезжайте!*

идти	прийти/приходить	По аналогии
лететь	прилететь/прилетать	с соответствующими
везти	привезти/привозить	парами
вести	привести/приводить	бесприставочных
нести	принести/приносить	глаголов типа
гнать	пригнать/пригонять	идти/ходить

1. Какие приставочные глаголы образуют видовые пары по образцу пар бесприставочных глаголов *идти — ходить*?

2. Как образуют форму несовершенного вида приставочные глаголы, образованные от глагола *ехать*, такие как *приехать, переехать, уехать*?

3. Какие приставочные глаголы образуют форму несовершенного вида с помощью суффиксов? Какие это суффиксы?

4. Какие способы образования форм НСВ от приставочных глаголов группы *идти* вы знаете?

25. Придумайте ответные реплики, выражающие отрицание. Используйте выражения *не хочу, не буду*.

1. Смотри какая горка хорошая. Давай съедем с неё на лыжах. — ... 2. Зачем ты залез на дерево? Слезь! — ... 3. Давай подплывём поближе к берегу! — ... 4. Хочешь подъедем поближе к зданию? — ... 5. Нам нужно уехать отсюда через четверть часа. — ... 6. Нужно купить чего-нибудь к ужину. Давай заедем в магазин! — ... 7. Перенеси, пожалуйста, твой столик в соседнюю комнату. — ... 8. Ты не отвезёшь эти книги на дачу? — ... 9. Смотри, автобус подходит к остановке. Можно подбежать и сесть. — ... 10. Ребята только что ушли, их легко догнать. Догони! — ... 11. Нужно отвезти письмо тёте Вале. Может быть, ты отвезёшь? — ... 12. Можно переплыть речку. На той стороне хороший песок. — ... 13. Приведи к нам своего товарища: мы познакомимся с ним. — ... 14. Тебе придётся заехать за билетами. — ...

26. Продолжите предложения. Укажите, что то, о чём идёт речь, повторяется всегда, регулярно, часто.

1. К соседу приехала дочь. — Она часто ... 2. Из поездки они привезли хорошие сувениры. — Они каждый раз ... 3. В порт приплыло иностранное торговое судно. — ... 4. Мальчик влез на стул, чтобы включить свет. — Он всегда ... 5. Женщина высыпала крошки хлеба на землю, и сейчас же слетелись воробьи и голуби. Птицы всегда ... 6. Кошка легко может влезть на высокое дерево, но всегда с трудом ... 7. Сегодня в детский сад девочку привёл отец,

а обычно её . . . 8. Ты можешь принести мне что-нибудь почитать? — Конечно, я могу регулярно . . . 9. Ты хорошо плаваешь? Можешь переплыть нашу речку? — Могу, я каждый раз . . . 10. Эти животные очень пугливы. Как только мы подошли поближе, они убежали. — И всегда . . . 11. Мы побежали. Брат обогнал меня. Он хорошо бегал и всегда . . . 12. На фестиваль съехались музыканты из разных стран. — На этот фестиваль каждый раз . . . 13. Наступил май, и соседи выехали на дачу. — Они каждый год на всё лето . . . 14. В тот день мальчик впервые проплыл сто метров без остановки. С каждым днём он . . .

Значение и употребление

27. Изучите таблицу глаголов движения с приставками пространственного значения. Пользуясь таблицей, определите и расскажите, при помощи каких приставочных глаголов движения и при поддержке контекста можно обозначить 1) движение внутрь чего-либо, 2) движение наверх.

Приставки	Предлоги	Примеры	Значение и употребление
в-	в, к	1. *Студенты вошли в аудиторию; Можно к вам войти?*	1. Движение внутрь, в пределы чего-л.
	на	2. *Кошка влезла на дерево.*	2. Движение наверх (**въехать, вбежать, влезть, внести, вкатить, втащить**)
вы-	из, с, от из-под, из-за	1. *Все вышли из зала; Из-за поворота выехала машина.*	1. Движение изнутри, из пределов чего-л., из-под, из-за чего-л.
		2. *Вам Иванова? Перезвоните попозже, он вышел.*	2. Покинуть помещение на время, отлучиться
		3. *Ученик вышел к доске; Пройдя ещё немного, мы вышли на площадь, к станции метро; Куда мы выйдем, если пойдём по этой улице? Автобуса ждать не стали, вышли на дорогу и остановили проезжавшую машину.*	3. Совершить движение на открытое место, к какому-л. ориентиру; оказаться где-л., попасть куда-л.

		4. На сцену вышел хор; На дорогу, чуть не под машину, выбежал заяц; На арену выбежали акробаты; Затем снова заиграла музыка, и на площадь вышли спортсмены.	4. Совершив движение, появиться где-л., перед кем-л.
		5. Вчера мы ездили в лес, выехали в пять часов; Нам пора выходить; Врач выехал к месту аварии; Самолет вылетает ровно в семь.	5. При обозначении начала движения, срочного отправления (офиц.), отправления воздушного транспорта
вз-	**на, в**	Ракета взлетела в небо; Он взбежал на крыльцо и постучал в дверь.	Движение вверх, на поверхность предмета (**взбежать, взойти, взлететь, всплыть**)
при-	**к, в, на**	1. Наконец мы приехали на место; Завтра я принесу тебе книгу.	1. Прибытие и доставка чего-л. в определённое место, кому-л.
		2. Первым пришёл Иван; Началась весна, прилетели грачи.	2. Появление кого-л. где-л.
у-	**из, с, от**	1. Брат ушёл из дома ещё утром; Во время каникул он уезжал в Киев; Журнал унесла с собой Нина.	1. Удаление субъекта (объекта) откуда-л.
	от	2. Уйди от окна, здесь дует.	2. Отдаление (в определенном контексте)
под-	**к**	Подойдите ко мне! Поезд подходит!	Приближение с видимого расстояния.
от-	**от**	1. Мы отошли от окна; Он отвёл меня в сторону и отдал письмо.	1. Отдаление на некоторое расстояние (незначительное)
	в, на	2. Отнеси газету соседу! Нужно отнести часы в мастерскую; Отведи детей в школу.	2. Доставка объекта куда-л., кому-л. (только переходные глаголы)

		3. *Поезд отходит в 20.45; Уточните, когда отплывает наш теплоход.*	3. Отправление (обо всех видах транспорта, кроме воздушного)
с-	**с**	*Птица слетела с ветки; Сойди с дороги! Он предложил съехать с горы на санках.*	Движение с поверхности чего-л., вниз или в сторону
с-...(-ся)	**в, на, к**	*Гости съехались в пять; Все вещи снесли в одну комнату.*	Движение в один центр из разных пунктов
раз-... (-ся)	**по**	*Лекция кончилась, все разошлись по домам; Письма уже разнесли по адресам.*	Движение из центра в разные пункты, доставка объектов в разные пункты
до-	**до**	1. *Мы дошли до угла и пошли направо.*	1. Достижение неконечной границы в движении
		2. *Наконец мы дошли до дома; До театра можно доехать за полчаса; Как доехать до галереи? Ты сам донесёшь книги или тебе помочь?*	2. Достижение конечной границы движения
		3. *Как вы доехали, нормально? Долетели благополучно; Как вы дошли до дома, не промокли под дождём? Счастливо вам доехать!*	3. Характеристика движения (оценка) с точки зрения соответствия норме и состояния субъекта
пере-	**через**	1. *Улицу переходят здесь: переведите его через улицу.*	1. Движение с одной стороны на другую
	из — в, с — на, от — к	2. *Все перешли в другой зал; Он переходил от экспоната к экспонату.*	2. Движение из пункта в пункт, от предмета к предмету
	через	3. *Мяч перелетел через верхнюю штангу ворот.*	3. Движение сверху над чем-л.

про-	по, мимо, перед, над, через, сквозь, между	1. *Мы уже проезжали по этому проспекту; Будете проходить мимо киоска, купите газету; Мы пролетаем над тайгой. Мы прошли через парк.*	1. Поступательное движение вперёд (возможно, с указанием маршрута)
	в, на, к	2. *Пройдите в зал; Мы прошли на сцену; Как пройти к директору?*	2. Движение внутрь, в пределы чего-л., к кому- или чему-л.
	через	3. *С трудом прошли через заросли; Стол с трудом пронесли через дверь; При входе в метро пассажиры проходят через турникеты; Здесь не проехать: идёт ремонт дороги.*	3. Движение куда-л. с преодолением препятствия
		4. *Смотрите, следы: кто-то прошёл; Поезд только что прошёл. Здесь не проезжала серая «Волга»?*	4. Констатация факта движения
		5. *Он пробежал 100 м за 12 секунд; Всего мы прошли километров десять.*	5. Преодоление расстояния (возможно, с указанием затраченного времени)
		6. *Я зачитался и проехал свою остановку; Вам нужна аптека? Вы её прошли.*	6. Ошибочное движение дальше, чем нужно, пропуск чего-л.
за-	в, на, к	1. *Утром по дороге в библиотеку я забегу к тебе.*	1. Попутное движение
		2. *Я зашёл предупредить вас об экскурсии; Утром на минутку заходил Иван.*	2. Движение куда-л. на короткое время
		3. *Посмотрите, как далеко он заплыл; Мы заблудились и зашли в болото.*	3. Значительное удаление куда-л.; ошибочное, случайное движение куда-л.

за		4. *Лодка заплыла за островок.*	4. Движение за предмет
в		5. *А, Николай! Заходи! Помоги мне закатить мотоцикл в гараж!*	5. Движение внутрь (**зайти, заехать, забежать, залететь, завести**)
на		6. *Кошка залезла на дерево.*	6. Движение наверх (**залезть, загнать**)
о- **(об-, обо-)**		1. *Мы обойдём посёлок справа; Мы шли, стараясь обходить лужи.*	1. Движение в обход чего-л., не прямо
		2. *Мы обошли здание кругом.*	2. Движение вокруг чего-л.
		3. *Он объехал полмира; Утром врач обходит больных; Мы обошли весь парк, Ивана там не оказалось.*	3. Движение с пребыванием во многих пунктах, охват движением ряда объектов

РАБОТАЕМ САМОСТОЯТЕЛЬНО

1. Напишите о том, как вы знакомитесь с Москвой, как проводите ваше свободное время.

2. Напишите о ваших поездках по России. Опишите вашу поездку в Петербург.

ЗАНЯТИЕ 10

● Употребление глаголов движения с приставками пространственного значения.
  ⊙ Обозначение двунаправленного движения формами прошедшего времени НСВ.
  ⊙ Обозначение доставки объекта.

ПОВТОРЯЕМ

 1. Прочитайте предложения и ответьте на вопросы.

1. Перед обедом все пошли на речку и немного покатались на лодках. 2. Вот поедешь в деревню, тогда и походишь в лес. 3. Во время каникул мы гостили в Москве у брата, он поводил нас по театрам и музеям. 4. Чтобы хорошо познакомиться с музеем, недостаточно одного посещения, нужно походить в этот музей. 5. Вы идите домой, а я останусь, ещё похожу по залам выставки. 6. За время стажировки ему удалось поездить в разные города России. 7. Чтобы собрать нужный архивный материал, ей пришлось поездить в Петербург, в Пушкинский дом. 8. В такой вечер хочется побродить по городу. 9. Двор был большой, было где побегать, поиграть в футбол, покататься на роликовых коньках. 10. Я думаю, ей будет полезно походить в фитнес-клуб. 11. А где мальчики? — Бегают во дворе. Позвать их? — Нет, пусть ещё побегают.

1. В каких предложениях идёт речь о ненаправленном движении, а в каких о двунаправленном? Разделите предложения на две группы в соответствии с типом движения: ненаправленное (А), двунаправленное (Б).

2. Каким образом ограничено движение в каждой из выделенных вами групп — во времени или в количестве повторений?

 2. Восстановите пропущенные глаголы движения с приставками по- и про-. Скажите, можно ли в данных предложениях употребить глаголы без приставок и как изменится при этом смысл предложений?

1. Жаль потраченного времени: . . . в ателье целых два часа. 2. Я заметил по часам: мы . . . ровно час. 3. В лесу не замечаешь времени. Кажется, ходи-

122

ли совсем недолго, а оказалось — ... полдня. 4. Алёшина модель самолёта оказалась лучшей: она ... дольше других, целых 25 минут. 5. Он не любит ходить. Вчера на выставке мы ... всего-на́всего минут сорок, а он сказал, что устал и хочет уйти домой. 6. Никите занятия боксом не понравились, он ... на несколько занятий и бросил. 7. Отец подарил мальчику коньки, и он ... на них две зимы, пока не выросла нога. 8. В нашем городе семья Ивановых жила недолго, в мае они уехали, так что Сережа ... в нашу школу не весь учебный год, а только несколько месяцев.

 3. Сравните диалоги. Объясните употребление форм глагола *ездил* и *съездил*. Что в диалоге справа указывает на необходимость употребления формы *съездил*?

—Ты не знаешь, он был в Петербурге? —По-моему, он ездил в Петербург.	—Ну что, побывал он, наконец, в Петербурге? —Да, во время зимних каникул он наконец-то съездил в Петербург.

 4. Закончите предложения. Выберите нужную форму глагола движения (*ходил/сходил, ездил/съездил*).

1. —Что он делал в воскресенье? —Он ... за город, к другу. 2. —Где ты был? —Я ... в киоск за водой. 3. —Так что, он всё-таки купил воды в дорогу? —Да, он ... купил несколько бутылок воды. 4. —Как она провела праздники, где? —Она ... на родину. 5. —Почему целую неделю его не было на работе? —Он ... в командировку. 6. —Он говорил, что должен поехать в командировку. Ты ничего не знаешь об этом? —Знаю, он уже ..., я видел его вчера на работе. 7. —Он говорил, что обязательно поедет на родину. Когда он поедет? —Он уже ... в родной город и теперь собирается ехать в Казань.

5. Расскажите о себе, используя глаголы движения. Какие планы, намерения, мечты были у вас, где и когда вы собирались побывать и что вам удалось, что вы успели осуществить. Как вы думаете, почему так произошло?

 6. Закончите предложения, используя глаголы движения в нужной форме. Цель движения обозначьте с помощью второго глагола. Определите, в каких случаях невозможно параллельное употребление глаголов *пойти* и *сходить*, и объясните почему.

1. Ты уже посмотрел новый фильм? — Нет, но на днях ... 2. — Если вы ещё не видели эту выставку, обязательно ... — Спасибо за совет, завтра же ... 3. Все хвалят этот спектакль. Давай ... 4. — Ты уже записался на экскурсию? — Нет, во время перерыва ... 5. — Откуда у тебя эта книга? — Вчера после

занятий я . . . 6. — Ты хотела бы послушать в консерватории произведения русских классиков? — Да, я с удовольствием . . . 7. — Не хватает одного стула. — Я сейчас . . . 8. — Я не успела сдать часы в мастерскую. — Давай я . . . 9. — Так будет завтра семинар или нет? — Я тоже не знаю. Давай . . . 10. Не знаю, можно мне ехать на юг или нет. Не повредит ли мне эта поездка? — Тебе нужен совет врача: . . . с врачом! 11. — Когда ты поедешь в город? До обеда? — Нет, после того как . . . 12. — Когда ты пойдёшь покупать билеты? — Я уже . . . 13. — Зачем он пошёл в библиотеку? — По-моему, он . . .

7. *Закончите предложения. Выберите нужную форму глагола движения. Укажите возможные варианты и объясните их различие.*

1. Тема моей работы — драматургия А.П. Чехова. В московских театрах идут многие пьесы Чехова. Я решил . . . 2. Мой любимый роман — «Война и мир» Л. Толстого. Завтра на факультете будет лекция об этом романе. Я хочу . . . 3. Меня интересует творчество Л. Толстого. На факультете читается спецкурс по Толстому. Я собираюсь . . . 4. Через неделю начнёт работать семинар по интонации. Я думаю, тебе будет полезно . . . 5. Если объявят семинар по видам глагола, я буду . . . 6. Мы давно мечтали пойти на концерт в Большой зал консерватории. И вот вчера, наконец, . . . 7. Чтобы получше познакомиться с русской музыкой, нужно . . . 8. Чтобы быть в курсе культурной жизни столицы, нужно регулярно . . . 9. Сейчас в городе открыто много выставок. Нужно . . . 10. Чтобы понять, почувствовать красоту города, его архитектуры, нужно . . . 11. Вы уже собираетесь идти домой? А мне не хочется уходить из музея, я хочу ещё немного . . . 12. Что вам удалось посмотреть в Москве, где побывать? — За время стажировки я успел . . . 13. — Мария, ты не забыла . . . ? Ты же должна купить лекарства. 14. Вчера мы были в «Современнике». Мне понравилось. Я хочу ещё несколько раз . . . 15. Мы решили сделать перерыв в занятиях и пошли в парк. Кажется, ходили недолго, а на самом деле . . . 16. Я думала, что съезжу в Дом книги за полчаса, а оказалось, что . . .

8. *Передайте содержание предложений, используя глаголы движения.*

1. Я хорошо знаю этот музей, так как уже бывал там. 2. Мне хочется побывать в каком-нибудь северном русском городе, например в Вологде. 3. —Игорь уже бывал на Урале. Последний раз он был там месяц назад. — И долго он там пробыл? —По-моему, он был там неделю. 4. В каких европейских странах вы уже были и где хотели бы ещё побывать? 5. Мои друзья давно собирались в Египет. И вот, наконец, исполнилась их меч-

та — они побывали в стране древних пирамид. 6. Долго он собирается пробыть в Новгороде? 7. У вас, как я понял, много планов, но мало времени. Где вы ещё успеете побывать до конца стажировки? 8. Санкт-Петербург мне очень понравился. Я рад, что мне удалось побывать в «городе белых ночей».

 9. Прочитайте тексты, восстанавливая пропущенные глаголы движения.

К друзьям на дачу

В субботу мы . . . на дачу к друзьям. Мы . . . рано, чтобы подольше побыть за городом. Накануне мы позвонили друзьям, предупредили, что . . . . Они были очень рады и просили обязательно . . . Сашу: он ни разу не был у них на даче.

Когда мы . . . из дома, мы взяли книжки и журналы — читать в дороге, пока будем . . . в электричке, — и ракетки для бадминтона. Наши друзья просили нас . . . им несколько воланчиков. Когда мы . . . мимо спортивного магазина, мы . . . в него и купили несколько воланчиков себе и друзьям. И вот мы . . . на вокзал, купили билеты и . . . на платформу. Когда . . . электричка, мы сели в вагон и . . . . Электричка . . . точно по расписанию. Хотя она . . . со всеми остановками, мы . . . не очень долго: . . . за сорок минут. От станции до дачи . . . за 15 минут. Дача стоит на другом берегу неширокой речки. Мы . . . речку по мостику. Дача почти рядом. Мы . . . к калитке, открыли её и . . . в сад. Тут нас встретили хозяева. Они как раз собирались . . . встречать нас. Они не думали, что мы . . . так рано.

Мы пробыли на даче весь день. Домой . . . в 11 часов вечера. Все были довольны, что . . . за город. В следующий раз, когда мы . . . к друзьям, мы . . . к ним на дачу наши удочки (в городе они нам не нужны) и будем . . . ловить рыбу.

Каникулы

— Как ты провёл каникулы?

— Очень хорошо. Слушай, я расскажу тебе всё по порядку. Перед каникулами получаем мы письмо из Петербурга от наших друзей. Они пишут: «Что вы думаете делать на каникулах? Хорошо бы нам встретиться. Если у вас нет никаких планов, . . . к нам в гости. Вместе . . . по музеям, . . . в театры, . . . в пригороды — Павловск, Царское Село. Мы с удовольствием покажем вам город, . . . и . . . вас везде».

— И что? Начались каникулы, и вы . . . в Петербург?

— Увы, нет. Мы хотели . . . , но в это время я узнал, что в Москву на неделю . . . мой младший брат, и, значит, я должен буду . . . его по городу, . . . с ним в музеи и театры. А кроме того, я давно не видел брата и очень хотел побыть с ним.

Я позвонил друзьям в Петербург. «Очень жаль, — сказал я, — но я в этот раз не смогу . . . к вам в Петербург, так как ко мне . . . брат. Если хотите, . . . вы в Москву, а я к вам . . . в другой раз».

— И что? Они . . . в Москву?

— Да, они . . . . Правда, они были здесь не первый раз. Год назад они уже . . . в столицу.

— А ты в Петербурге был?

— Да, я . . . туда прошлым летом на 10 дней.

— А твой брат ещё в Москве?

— Нет, он . . . только на неделю и пять дней назад . . . домой.

День рождения

— Что ты собираешься делать в выходные дни? — спросила меня сестра. — Может быть, нам куда-нибудь . . . ?

— В субботу у Андрея день рождения, ты же знаешь.

— Ты . . . к нему?

— Конечно! Вообще-то он не приглашал, но у нас обычай: на дни рождения мы . . . без приглашения. Кто помнит, тот . . . . Я, например, всегда рад, когда ко мне в день рождения . . . друзья. И сам я никогда не жду приглашения, и если могу, то . . . , а если не могу . . . , то звоню, поздравляю и объясняю, почему не могу . . . поздравить лично.

— Кто, по-твоему, в этот раз будет у Андрея?

— Точно . . . Саша с Олей, Миша и Нина. Ничего не могу сказать о Косте: он . . . в командировку, но если к субботе вернётся, то обязательно . . . .

— А Наташа будет?

— Нет, вот она точно не . . . . Я звонил ей на днях и спросил: «Ты . . . к Андрею?» — «Я . . . , — сказала она, — но меня не будет в этот день в Москве. Завтра я . . . группу иностранных туристов в Петербург. Оттуда позвоню Андрею, поздравлю, а когда . . . домой, . . . к нему и поздравлю лично.

— А я, — сказала сестра, — хочу испечь торт для Андрея. Ты . . . ему от меня в подарок?

—Конечно, ... Он будет рад. Ему очень нравятся твои пироги и торты. Он всегда говорит: «Твоя сестра замечательно печёт». А если хочешь, . . . со мной, сама . . . свой торт.

Употребление глаголов движения с приставками пространственного значения

Обозначение двунаправленного движения формами прошедшего времени НСВ

10. Сравните диалоги попарно. Определите формы глагола (время, вид), которыми обозначено однонаправленное и двунаправленное движение.

1) —Можно попросить к телефону Кирилла?
—А его нет дома, полчаса назад он ушёл в поликлинику.

—Я звонил тебе час назад, тебя не было дома.
—Я уходил в поликлинику.

2) —Что это за пакет на столе?
—Андрей принёс посмотреть летние фотографии.

—Ты видел фотографии Андрея?
—Да, он приходил к нам вчера и приносил фотографии.

11. Прочитайте предложения, восстанавливая пропущенные глаголы движения.

1. —Кто тебе сказал о моём приезде? —Утром . . . Аня. Она сказала. 2. Я спешу домой: на прошлой неделе ко мне . . . моя сестра, и сегодня мы идём на концерт. 3. На прошлой неделе ко мне . . . сестра. К сожалению, она побыла всего три дня и в субботу уже . . . в Сочи. 4. —Вы были раньше в Москве? —Да, я . . . сюда два года назад. 5. —Все поздравляли вас с наградой. Тренер тоже поздравил? —Конечно, он первый . . . поздравил. 6. —Вы видели его в театре? —Да, мы поздоровались издали, но не . . . друг к другу. 7. —У вас очень хорошее зрение: вы смогли прочитать название картины и имя художника. —Секрет прост: чтобы прочитать всё это, я . . . близко к картине. 8. —Ты давно видел Ольгу? —Нет, на днях она

. . . ко мне на минутку. 9. — Ты был сегодня у Кати? — Да, я . . . к ней за конспектами. 10. — Вы были в Твери в прошлом году? — Да, я . . . тогда в Тверь на три дня.

12. Восстановите пропущенные глаголы движения в нужной форме (СВ или НСВ). Объясните ваш выбор.

1. Когда мы . . . (выйти/выходить) из дома, я вспомнил, что забыл взять проездной билет. 2. Когда мы . . . (выйти/выходить) из дома, я проверил, выключены ли электроприборы. 3. Когда они . . . (выйти/выходить) из магазина, они столкнулись в дверях с Михаилом. 4. Когда мы . . . (перейти/переходить) в другую аудиторию, Нина забыла на подоконнике свой зонтик. 5. Когда . . . (уйти/уходить), не забудь закрыть окно и выключить компьютер. 6. Когда . . . (пройти/проходить) мимо киоска, купите мне «Литературную газету». 7. Когда . . . (перейти/переходить) улицу, будьте осторожны. 8. Когда ученик . . . (выйти/выходить) к доске, учитель попросил его показать на карте крупнейшие реки Сибири.

Обозначение доставки объекта

13. Определите, в каких предложениях переходные глаголы движения с приставкой *от-* имеют одно из следующих значений:

1) вернуть что-либо хозяину; 2) вернуть что-либо на обычное место; 3) разместить (положить, поставить, повесить) что-либо в соответствии с функцией, назначением, целесообразностью; 4) сдать, отдать что-либо куда-либо или кому-либо для совершения нужного действия; 5) совершая «собственное» движение, попутно (одновременно) доставить и передать что-либо другому лицу, выступив в роли *почтальона*, *перевозчика*; 6) проводить, помочь кому-либо добраться куда-либо, показать дорогу; 7) отдать, подарить что-либо кому-либо; 8) переправить кого-либо или что-либо из одного места в другое — на время.

1. Я уже прочитал Юрину книгу, могу её отнести. 2. Послезавтра я еду в Ярославль и могу отвезти эти фотографии вашим ярославским друзьям. 3. Карта нам больше не нужна, отнесите её на место, в методический кабинет. 4. Сосед предложил нам: «Если вы спешите, я могу отвезти вас на вокзал на своей машине». 5. Нужно отнести пленку в фотоателье, чтобы проявили и напечатали фотографии. 6. Пальма очень выросла, стала слишком большой, и я отнесла её в школу, где учится моя дочь. 7. Лена, не бросай (не оставляй), пожалуйста, куртку на диване, отнеси её на вешалку

в прихожую. 8. На лето хорошо бы отвезти детей на дачу, в деревню — подальше от города. 9. Я должен завтра отвезти свою дипломную работу официальному оппоненту, чтобы он написал отзыв.

14. Прочитайте шутку. Объясните, что означает выражение *отнести письмо на почту*. Есть ли у вас на родине обычай завязывать узелок на платке, как напоминание о том, что вы должны что-то сделать?

Узелок на память

— Что это за узелок у тебя на платке?

— Это жена завязала мне, чтобы я не забыл отнести письмо на почту.

— И ты отнёс?

— Нет, она забыла дать мне письмо.

15. Сравните предложения попарно. Скажите, чем переходные глаголы с приставкой *от-* отличаются от переходных глаголов движения с приставкой *при-*. Учтите направление движения — *сюда*, «к нам» или *отсюда*, «от нас».

1) — Кто приходил? — Почтальон принёс мне телеграмму.	По ошибке почтальон положил в наш почтовый ящик чужое письмо. Я отнесла его на почту.
2) — Я привёз вам из Москвы письмо от ваших друзей.	— Через день я еду в Москву и могу, если хотите, отвезти вашим друзьям письмо от вас.
3) Вчера ребята из 6-го класса принесли в школу ёжика.	Ребята нашли в лесу ёжика и отнесли его в школу.

16. Закончите предложения, используя переходные глаголы движения с приставками *при-* и *от-*.

1. — Где твой магнитофон? — Сломался, и я . . . 2. — Ты сдал костюм в химчистку? — Да, ещё утром . . . 3. Из соседней комнаты послышался голос больной сестры. Она просила принести ей воды или сока. «Сейчас, сейчас . . . », — ответила мама и сказала мне: «Наташа, налей в чашку сока и . . . ». 4. У Кирилла нет учебника, а у меня целых два. Нужно . . . отнести ему один учебник. 5. — Почему вы приехали без детей? Почему вы не . . . их с собой? — Мы . . . их на эти дни к бабушке в деревню. 6. — Это ваш словарь? — Да, я . . . словарь на урок. 7. На ярмарке продавалось много деревянной, ярко раскрашенной посуды. Мастера из окрестных сёл и деревень . . . посуду на ярмарку. 8. Николай почти месяц лежит в больнице. Чтобы не скучать,

много читает. Друзья часто навещают его. И книги они ему ... . Завтра я пойду к Николаю и ... ему хороший сборник анекдотов. 9. Вы сейчас идёте в общежитие? Вы не можете ... эту записку Сергею? — Давайте ...! 10. Ты прочитал мой реферат? Завтра я должен ... его руководителю, он просил обязательно ... 11. Из сада послышался голос Андрея: — Ребята, кто-нибудь, ... нам ножницы. — Нина, возьми ножницы и ... .

17. Сравните диалоги и ответьте на вопросы.

| —Алло! Иван? Это Андрей. Мне передали твою просьбу. Я сейчас приду, принесу тебе журнал.
 —Хорошо. Приноси. | —Олег, ты подождёшь — я пойду отнесу Ивану журнал? Это быстро.
 —Конечно, отнеси. А я пока посмотрю альбом. |

1. Чем можно объяснить использование в диалогах разных глаголов? Какие элементы речевой ситуации в них не совпадают?
2. На каком этапе движения сосредоточено внимание в каждом из диалогов — на начальном или на заключительном?

18. Прочитайте старинную поучительную историю и перескажите её. Объясните «лингвистическое чудо»: как могло случиться, что букет роз девушке одновременно принесли и отнесли?

Не всегда больше значит лучше, или Почему она рассердилась

Один молодой человек был влюблён в красивую девушку. Однажды она сказала ему:

— Завтра мой день рождения.

— О! — воскликнул молодой человек, — я подарю тебе розы, за каждый год — красную розу.

В тот же вечер он пошёл в цветочный магазин. Он знал, что девушке исполнится двадцать лет, поэтому заплатил за двадцать роз и попросил отнести их девушке на следующий день рано утром.

Продавцу очень нравился скромный юноша, который часто покупал цветы в его магазине. Когда юноша ушёл, продавец решил сделать ему приятное и положил в букет ещё десять роз.

На следующее утро девушке принесли огромный букет прекрасных роз. Сначала она обрадовалась, но когда молодой человек пришёл её поздравить, она не захотела его видеть.

Как вы думаете — почему?

19. Прочитайте диалоги, восстанавливая пропущенные глаголы движения. Найдите в текстах фрагменты, где об одном и том же действии сообщается с помощью разных переходных глаголов движения. Объясните употребление переходных глаголов движения с приставками *при-* и *от-*.

1) — Да, да. Жди, я сейчас ... к тебе, ... справочник, — сказал я и положил трубку.
— Кто это звонил?
— Это Саша. Он просил ... ему его справочник по грамматике, он ему зачем-то срочно нужен.
— И что? Ты сейчас ... к Саше, ... ему справочник? А как же шахматы?
— Ну, раз человек просит ... его книжку, придётся ... . Это недолго. Ты подожди меня, я ... книжку и сразу ... назад. И тогда мы с тобой сыграем партию в шахматы. Хорошо?

2) У меня остановился будильник. Я позвонил в мастерскую.
— До которого часа вы работаете?
— До семи.
— Можно сейчас ... вам будильник?
— Да, ...!
Я взял будильник и сказал сестре:
— Я ... в мастерскую, ... будильник починить.
— Хорошо, ...! Только нигде не задерживайся, ... поскорее назад!
— Скоро ..., не скучай.
По дороге домой я встретил соседа по этажу.
— Откуда ты ...? — спросил он.
— Я ... в мастерскую, ... будильник в ремонт.
— Ой, мне тоже нужно ... в мастерскую, ... часы. Давно уже не ... .

3) У нас с женой двое детей — сын и дочка. Оба ... в детский сад. Утром, до работы, кто-нибудь из нас — я или жена — ... малышей в сад, а потом вместе ... на работу. Сегодня, когда я ... детей в сад и ... домой, меня увидел мой школьный товарищ:
— Откуда ты так рано ...?
— ... детей в садик. Сейчас на минутку ... домой, и мы с Наташей ... на работу. А твой Мишка уже школьник?
— Да, первоклассник. В школу его ... бабушка.
— ... бы как-нибудь в воскресенье, ... бы сына, пусть бы дети познакомились. Уже новый год на носу. У вас будет ёлка?
— Да, обязательно. У вас тоже?

— Конечно, я уже купил. Вот и … … своего первоклассника.

— Спасибо за приглашение, обязательно … . Привет Наташе!

4) — Ребята, мне позвонил сосед, он просит … ему словарь. Он болен и не может сам … за книгой. Я сказал, что сейчас … … . Подождите меня минуточку, я … … словарь и тут же вернусь. А вы посмотрите пока альбомы.

20. Прочитайте фрагменты текстов из задания **19** и ответьте на вопросы.

— Откуда ты идёшь?	— Откуда ты идёшь так рано?
— Относил будильник в ремонт.	— Отводил детей в детский сад.

1. Скажите, где теперь находятся: дети, будильник.

2. Какую особенность переходных глаголов движения с приставкой *от-* показывают эти диалоги?

3. Изменится ли смысл ответной реплики, если её выразить так:
   — *Ходил в мастерскую, **отнёс** будильник в ремонт.*

21. Проанализируйте предложения, ответив на вопросы.

1) а) — Алло, Андрей, я купил тебе книгу. Завтра привезу.

   б) — Ты дома? Я сейчас приду, принесу тебе моё любимое печенье (мне из дома прислали).

   в) — Я иду в общежитие и могу отнести твою записку Игорю.

   г) — Цветы ты оставишь здесь? — Нет, отвезу домой.

2) а) — Не хватает стула? Я сейчас пойду (схожу) принесу из соседней аудитории.

   б) — Вот беда: забыла очки в аудитории. — Я сбегаю принесу.

   в) — Сходи (пойди) приведи Диму, пусть сам расскажет о своей поездке.

   г) — Можно я схожу отнесу заявление в деканат?

   д) — Где ты был? — Ходил относил книги в кабинет.

   е) — Откуда этот котёнок? — Вера приходила и принесла.

   ж) Я давно собирался подарить другу альбом с видами его родного города. И вот недавно я, наконец, съездил в Калугу и отвёз этот альбом ему в подарок.

1. В каких примерах доставка объекта является результатом однонаправленного движения субъекта, а в каких — двунаправленного, и чем это обусловлено?

2. Что в приведённых примерах обозначено непереходными глаголами движения?

22. Прочитайте предложения. Попробуйте передать их содержание, используя непереходные глаголы движения для обозначения способа передвижения субъекта.

1. После семинара я отнесу книги на место. 2. Завтра Нина привезёт тебе эти фотографии. 3. Давай я отнесу твою записку Наташе. 4. Если у тебя есть время, отвези, пожалуйста, мой отзыв на дипломную работу Ирине Ивановой. 5. Принеси, пожалуйста, из холодильника минеральную воду.

МАТЕРИАЛЫ ДЛЯ КОНТРОЛЯ
И КОНСУЛЬТАЦИЙ

Читайте тексты, восстанавливая пропущенные глаголы движения, и глаголы, указывающие цель движения. Если возможны варианты, обдумайте их различие.

 ### 1. Как ты себя чувствуешь?

Осень. Холодно, ветер, дождь. Вчера мы долго ... по городу и вот, пожалуйста, — простуда: болит голова, больно глотать. Кажется, есть и температура. Уже пора спать. А завтра у нас семинар. Не хочется пропускать, думаю я, но придётся не ..., а то будет ещё хуже, совсем разболеешься. Надо предупредить преподавателя, что я не ....

—Саша, ты будешь завтра на кафедре русского языка?

—Да, я ... на кафедру.

—Тогда передай, пожалуйста, мою тетрадь преподавателю и скажи, что я плохо себя чувствую и не ... на занятие.

—Ты ... к врачу в это время?

—Не знаю, может быть, ..., если не станет лучше.

—По-моему, нужно .... Пусть поставит диагноз, выпишет лекарство. После занятий я к тебе ... и ... в аптеку за лекарством.

—Лекарства у меня есть, я ... из дома. Приму на ночь что-нибудь от простуды.

—Конечно, прими. А главное — ... ложись спать.

На другой день раздаётся стук в дверь.

—...!

—Здравствуй, это я, ... навестить тебя. Как ты себя чувствуешь? Ты ... к врачу?

—Знаешь, мне стало лучше после лекарства, и я не .... Спасибо, что ты ... ко мне. Я хочу попросить тебя: ..., пожалуйста, на почту, отправь мои письма.

—Хорошо, сейчас ... . А ты не хочешь поесть? Давай ... в столовую пообедаем или я сам (сама) ... ... тебе чего-нибудь сюда.

—Что ты?! Зачем ... сюда? Я прекрасно могу ... до столовой. ... вместе!

—...!

2. Давайте познакомимся!

— Простите, вы откуда . . . ? Из какой страны?

— Я . . . из Франции. А вы?

— А я из Италии.

— Вы первый раз в Москве?

— Нет, я . . . сюда два года назад.

— А я . . . первый раз. В каких городах, кроме Москвы, вы были?

— Я . . . в Петербург, во Владимир и Суздаль.

— Мне тоже хочется . . . в какой-нибудь русский город. Особенно в Петербург. Там учатся мои друзья. На праздники мы решили увидеться. Или они . . . сюда, ко мне, или я . . . к ним.

— Это ваши земляки или русские знакомые?

— Это русские студенты. Мы познакомились у нас во Франции. Они . . . со студенческим хором. Они часто . . . в разные страны. Я тоже пою в хоре. Наш хор . . . уже в несколько стран. К вам в Италию он тоже . . . . Но я не . . . тогда. Заболел (а) и не . . . , хотя должен (должна) был (а) . . . .

— Вы можете . . . ко мне в гости. Обещайте, что . . . !

— Хорошо, обещаю . . . .

3. В столовой самообслуживания

Сегодня мы . . . обедать в столовую самообслуживания. Мы сели за стол у окна. Оказалось, что не хватает одной ложки. Саша сказал:

— Я сейчас . . . . . . ложку и, кстати, куплю какой-нибудь воды.

— Хорошо, . . . !

Когда он . . . , к нашему столику . . . какой-то студент и спросил, не свободен ли четвёртый стул за нашим столом. Мы сказали, что место занято, что наш товарищ . . . на минутку и сейчас вернётся. Юноша извинился и . . . искать сводное место.

Через минуту . . . Саша, . . . ложку и бутылку минеральной воды. Когда мы съели первое, . . . женщина в белом халате. Она взяла пустые тарелки и . . . их. Мы быстро пообедали, взяли подносы с посудой и . . . их на стол для использованной посуды (так положено в столовой самообслуживания).

Хорошо, что мы . . . . . . в столовой: у нас будет ещё лекция и консультация.

Советуем: . . . . . . в столовой!

(или: . . . . . . в столовую!)

4. **Сказка о волке, козе и капусте**

Одному крестьянину нужно было на лодке . . . на другой берег реки и . . . волка, козу и капусту. Всех вместе он . . . не мог, потому что лодка была маленькая и лёгкая. Поэтому волка, козу и капусту нужно было . . . по отдельности. Но как? В какой очерёдности? Нельзя было оставить на одном берегу волка с козой, потому что волк съел бы козу, не мог крестьянин оставить и козу с капустой, потому что коза съела бы капусту.

Умный крестьянин сделал так: он . . . козу и оставил её на берегу, а сам . . . за капустой. Потом он . . . капусту и оставил её на берегу, а козу . . . с собой обратно. Когда он . . . до берега, он . . . из лодки и . . . козу, а волка посадил в лодку и . . . с ним к капусте.

Вновь волк остался с капустой, но уже на другом берегу, а крестьянин . . . обратно, за козой.

Так умный крестьянин . . . реку и . . . волка, козу и капусту на маленькой лодке.

5. **Гости**

— Что нового?

— Нового? Вчера я . . . в театр, но главная новость — другая: в субботу ко мне . . . мои друзья-земляки.

— Что, они тоже здесь учатся?

— И да и нет. Трое из них . . . в Москву вместе со мной, а двое . . . на прошлой неделе и через три дня после нашей встречи . . . . Они из моего родного города и . . . мне письма и посылку из дома. А получилось всё очень неожиданно. Утром я . . . на занятия, а потом чуть было не . . . в кино с товарищами. Но что-то подсказало мне: не . . . в кино, . . . домой! По дороге я . . . в магазин . . . (покупать) фруктов и конфет. И только . . . домой — стук в дверь.

— . . . !

Опять стучат. . . . к двери, открываю: ба! Да это мои друзья!

— О-о-о! Кто . . . ! Как здорово, что вы . . . ! . . . же! Раздевайтесь и . . . в комнату. А я только что . . . с факультета. Вы могли меня не застать. Товарищи приглашали меня . . . с ними в кино, но я, к счастью, не . . . . Садитесь, устраивайтесь кто где хочет, а я . . . приготовлю кофе, чай и ещё что-нибудь.

— Ничего не нужно, никуда ты не . . . , а лучше посиди поговори с нами.

— Нет, лучше пусть Мария и Марк расскажут, как дома. Мне никто не сказал, что вы в Москве. Когда вы . . . ? Надолго?

— Через три дня мы уже . . . . А дома всё в порядке. Когда мы узнали, что . . . в Москву, мы . . . к твоим родителям. Они попросили нас . . . тебе пакет и письма. Всё это мы . . . тебе. Вот, получай!

Мы долго разговаривали. Друзья рассказали, куда они . . . и куда собираются . . . в оставшиеся дни. Они повторили, что . . . через три дня, десятого, и спросили, не нужно ли что-нибудь . . . моим родителям. Кстати, сказали они, мои родители просили их . . . от меня письмо.

Мы засиделись допоздна. На другой день я звоню друзьям:

— Ну, как вы вчера . . . ?

— Не беспокойся. Всё в порядке. Сегодня вечером мы . . . в Большой театр.

— Вот счастливцы! Желаю вам удачно . . . ! А десятого я . . . на вокзал и . . . письмо для родителей и кое-какие сувениры. Вы . . . . Ладно?

— Конечно, . . . ! Только не опоздай. Поезд . . . ровно в двадцать два часа. До встречи!

 ### 6. В цирке

— Вы любите цирк?

— Очень. В детстве родители часто . . . меня на цирковые представления. Помню, я всегда . . . с ожиданием какого-то чуда, и чудо происходило. Но в последние годы я давно не был (а) в цирке: мы . . . в маленький городок, где нет цирка.

— А в Московском цирке вы были?

— Здесь, в Москве, я ещё не . . . в цирк, но я видел (а) представление московской труппы, когда она . . . в нашу страну. Тогда трудно было попасть: все хотели . . . . . . (смотреть) московских циркачей. Но мне всё же удалось . . . на два представления как переводчику.

— А ведь я не случайно спрашиваю вас о цирке: у меня есть два билета на субботу. Хотите . . . со мной?

— О, спасибо за приглашение. Конечно, я с удовольствием . . . !

— Ну, если так, то в субботу я . . . за вами. Будьте готовы. Старый цирк на Цветном бульваре. . . . туда минут 40–50. Я думаю, нам нужно . . . минут за 20 до начала. Так что я . . . к вам без четверти шесть.

— А на чём мы . . . ?

— На метро . . . до «Библиотеки», . . . на «Боровицкую» и . . . до «Цветного бульвара». Вот мы и у цирка.

В воскресенье ко мне . . . друзья.

—Вы знаете, я вчера . . . в цирк. Мне очень понравилось.

Сначала был парад участников представления, они . . . перед нами. Потом . . . ведущий и объявил номер. Что мне запомнилось? Клоуны. Когда они . . . на арену, в зале начинали смеяться, а . . . они с арены под аплодисменты. Их шутки, репризы были остроумны.

Большое впечатление произвело выступление дрессировщика с группой медведей. Что только они не делали: . . . на велосипедах и мотоциклах, . . . на роликовых коньках, . . . по канату, танцевали, . . . на задних лапах.

Понравились икарийские игры. Артистов не хотели отпускать: они несколько раз . . . и . . . с арены. Всего не перечислишь. Если вы не видели эту программу, советую: . . . (смотреть)!

7. Что нового?

—Что нового?

—Ко мне . . . сестра.

—Надолго?

—Нет, она . . . на неделю, точнее, здесь она пробудет неделю, а потом . . . в Петербург. Она . . . с группой туристов.

—Она первый раз в Москве?

—Нет, она уже два раза . . . сюда: первый раз она . . . на курсы русского языка в Сочи, а второй раз была в Москве, но всего три дня.

—Какая программа у группы?

—Их каждый день . . . по городу и . . . в какой-нибудь музей или на выставку. Вчера вечером они . . . в Кремлёвский дворец на концерт Северного хора. Сестра занимается творчеством Льва Толстого и очень хочет . . . в музей-усадьбу писателя в Хамовниках и, конечно, хотела бы . . . в Ясную Поляну. Я хочу . . . с ней. Наверное, мы . . . туда завтра. Скажите, как . . . до этого музея?

—Можно на метро . . . до «Парка культуры» или на троллейбусе до улицы Льва Толстого. За полчаса вы . . . . Вы, наверное, помогаете сестре знакомиться с городом?

—Да, я хочу . . . её по городу, показать то, что мне самой (самому) нравится. Позавчера мы . . . в центр и до позднего вечера . . . по Бульварному кольцу. Хочется, чтобы она хоть немного . . . по музеям, театрам и, особенно, по улицам города, чтобы . . . на ВВЦ. Но я знаю, что за неделю нельзя успеть . . . всё.

—Ну, желаю вам успеха!

138

8. Где вы были?

Вчера вечером мы решили . . . погулять перед сном.

Мы . . . на улицу и . . . к реке. Кто-то сказал: «Давайте . . . на лодке!» Мы сели в лодку и . . . вниз по течению с километр, потом повернули и . . . назад. Когда мы . . . домой, нас спросили:

— Где вы так долго . . . ?

— А сколько мы . . . ? Целых два часа?! Как незаметно летит время: мы только немного . . . на лодке, . . . не больше километра.

— А может быть, вам только показалось, что вы . . . только километр, а на самом деле вы . . . далеко?

— Нет, мы . . . до поворота реки, а до него ровно километр.

— Вы не купались?

— Я нет, а вот Саша купался, . . . на другой берег реки.

— Он хорошо . . . ?

— Да, он отличный пловец, лучше всех на курсе . . . дистанцию 400 м.

9. Где здесь аптека?

— Скажите, пожалуйста, где здесь аптека?

— Вам придётся вернуться, вы уже . . . её. Аптека на той стороне улицы. . . . улицу здесь и . . . два больших дома. Аптека на первом этаже третьего дома. Вы . . . за пять-семь минут.

10. Давай отдохнём!

Сессия. Все занимаются. Кто где: мой сосед . . . . . . (заниматься) в читальный зал, а я никуда не . . . , готовлюсь дома. Правда, вчера я . . . на консультацию. Нужно было . . . : у меня было несколько вопросов по материалу. На консультации было довольно много народу: . . . все мои друзья. Консультация началась вовремя, но некоторые опаздывали. Они осторожно открывали дверь, . . . и потихоньку . . . на свободные места. Преподаватель ответил на все вопросы и дал несколько полезных советов-рекомендаций. Я рад (а), что . . . на консультацию, а ведь сначала хотел (а) не . . . .

Экзамен у нас послезавтра. Я . . . пораньше, чтобы . . . в аудиторию в числе первых, ответить и . . . . Мои русские друзья пригласили меня вечером . . . в театр и просили . . . к ним сразу же после экзамена: они будут ждать меня к обеду. Мы пообедаем и . . . в театр. Так что я, как только освобожусь, . . . в библиотеку . . . (сдавать) книги, потом . . . домой . . . (переодеваться) и

... к друзьям (они живут в центре города). Кстати, нужно не забыть ... им их журналы, они просили ....

Да, а который час? Что-то я отвлекаюсь от работы. Глаза устали и голова уже плохо соображает. Нужно сделать перерыв, отдохнуть. А может быть, ... на улицу ... (дышать свежим воздухом)? Прекрасная идея! Сейчас оденусь, ... за товарищем, ... (приглашать) его немного ... по парку, одним словом — пройтись. Правда, сегодня мороз, так что долго и не ..., замёрзнешь.

Через пять минут я уже стучусь к товарищу.

—Да-да! ...! — говорит он.

Я ....

—Ну, как ты тут? Всё сидишь занимаешься? Я уже больше не могу.... за тобой: ... ... немного, подышим кислородом!

—Ну что ж, ...! Давай отдохнём!

Он оделся, и мы ... по коридору к выходу.

—Мы как: ... по лестнице или ... на лифте?

—Конечно, ... по лестнице! Никаких лифтов!

—...! Я «за»!

Мы ... вниз, ... мимо газетного киоска и ... на улицу. Навстречу нам ... ребята из библиотеки. Они тоже кончили заниматься и ... домой.

Было действительно холодно. Мы ... вокруг здания университета и решили ... домой. Поднялись на свой этаж и ... по комнатам. Дома я посмотрел (а) на часы. Оказалось, что мы ... минут сорок. Теперь можно ещё позаниматься.

 11. Куда бы нам пойти?

Утром мы с Марией позавтракали и ... в библиотеку ... (заниматься). Погода была прекрасная, солнечная, воздух чистый и свежий, какой бывает только в конце марта. Мы невольно замедляли шаг. Хотелось ... и ..., дышать свежестью, или ... ... по парку, или ... по городу (город в такие дни очень хорош, открываешь для себя, что здания, мимо которых ты ... чуть не каждый день, прекрасны). Словом, не хотелось ... ... (заниматься).

Однако мы люди долга, и через 20 минут мы всё же ... в библиотеку. Мы ..., разделись, ... в читальный зал, взяли книги и сели заниматься, как всегда у окна. Часа через два решили ... в буфет ... (пить) по чашке кофе. Мы ... из зала, спустились на два этажа и ... в буфет. Там почти никого не было. Мы взяли кофе, бутерброды с сыром и по большому апельсину. Пока я расплачивался (лась), Мария ... всё на стол в углу буфета и ... за приборами.

Оказалось, что мы сделали почти всё, что собирались, и можем ... из библиотеки.

— Куда бы нам ...? — спросила Мария. — Нельзя ... домой в такой день.

— Давай ... на выставку народных промыслов.

— А где это? Далеко туда ...?

— Да нет, отсюда остановок 5–6, за полчаса ....

— Ну что ж, ...! Хотя Саша приглашал ... ... (слушать) новые записи.

— Нет, сегодня не ... к Саше, ... в другой раз. Лучше ... на выставку, а потом ... в кафе ... (обедать) и немного ... по улицам.

— Хорошо, ..., я не возражаю.

Мы сдали книги, оделись и .... Остановка была почти рядом. Нам повезло: как только мы ..., ... автобус. Мы сели и .... В автобусе ... группа туристов. По-видимому, они тоже ... на выставку, потому что ... вместе с нами.

Выставочный зал недалеко от остановки. Мы ... немного назад, ... улицу и ... в здание.

Выставка оказалась очень интересной. Мы ... от экспоната к экспонату, от витрины к витрине, то ... поближе, чтобы рассмотреть детали, то ... подальше. В залах были группы экскурсантов. Иногда мы ..., прислушивались, что говорит экскурсовод.

Выставка большая, чтобы ... всю, нужно ... несколько часов. Мы ... часа полтора, но очень устали, решили ... и через несколько дней ... ещё раз. Как мы и собирались, мы ... в кафе ... (обедать), а потом ещё немного ... по улицам и ... домой.

В автобусе нас увидел Саша.

— Откуда вы ...?

— Мы ... на выставку. Советуем и тебе ...: не пожалеешь.

— Вы опоздали с советом, — сказал Саша, — я уже вчера ... ... (смотреть). Но если вы ещё раз ..., я с удовольствием ... с вами.

— Хорошо, мы ... за тобой. Постойте, а где мы ...? Мы не ... свою остановку?

— Нет, наша — следующая. Давайте ... вперёд, к двери.

— Девушка, вы ... на следующей? Нет? Тогда разрешите нам ....

Автобус остановился, мы .... Быстро мы .... Мы ... всего десять минут.

12. Возвращение

Сегодня последний день нашего отдыха у моря. Завтра мы .... Поезд ... в 17.30, так что с утра мы еще успеем ... на море ... (купаться). Потом в час

. . . . . . (обедать) и . . . . . . (собираться). Наши новые друзья хотят . . . нас . . . (провожать), посадить на автобус. Они . . . за нами в половине пятого.

Что нужно не забыть сделать? Да! Нужно . . . на почту . . . (узнавать), нет ли писем. Я . . . на почту после обеда, когда . . . из столовой домой. И ещё одно дело. У нас две библиотечные книжки. Нас просили . . . их ещё вчера. Мы даже обещали . . . , но не . . . , . . . сегодня после завтрака, когда . . . на море.

Здесь много красивых цветов. Много роз. Хочется . . . домой небольшой букет. Но как . . . розы, ведь предстоит . . . почти двое суток?! Одна знакомая сказала: «Заверните розы в мокрую бумагу, тогда вы . . . их свежими, они не завянут». Нужно попробовать, может быть и правда . . . .

Дочка моего приятеля просила . . . ей ракушек и цветных морских камешков. Нужно . . . на берег . . . (набирать) немного. (Ср.: Нужно . . . . . . (набирать) на берегу.)

После обеда всё уложим, ещё раз . . . на море . . . (прощаться). Из дома надо будет . . . не позже 14.45.

Друзья помогут нам . . . чемоданы до автобуса.

На море было прекрасно, не хочется . . . . Но надо . . . : начинается учебный год. Мы решили, что в будущем году опять . . . сюда, ни в какое другое место не . . . !

 ## 13. **До субботы!**

— Где вы были вчера? Я вам звонила около двух, но вас не было дома.

— Мы . . . за город, за грибами.

— Куда, если не секрет?

— Нет, не секрет. Обычно мы . . . не очень далеко — в Сосновку. На электричке . . . до Сосновки, а там недалеко и до леса — километра два с половиной. Можно . . . на автобусе, но мы решили . . . пешком и не заметили, как . . . эти два километра. Хотя мы и знаем этот лес, но всё-таки стараемся не . . . , держимся рядом, чтобы не заблудиться и не . . . в болото или не . . . слишком далеко в глубь леса.

Вот и вчера мы договорились, что немного . . . по краю леса (там растут белые грибы), . . . все наши «грибные» места, а потом . . . к реке и там посидим у костра, перекусим. Но знаете, как в лесу: кажется, . . . совсем недолго, а . . . часа два с половиной. Грибов было много, под конец было уже тяжело . . . корзину. И ноги с непривычки болели: всего мы . . . километров 15. После отдыха . . . на станцию, и только мы . . . , . . . поезд. В 5 часов мы уже . . . домой, а на ужин ели жареные грибы.

— Вы довольны поездкой?
— Да, удачно . . . . Если хотите, . . . с нами в следующую субботу!
— С удовольствием . . . . До субботы!

 ## 14. Мы встречаем друзей из Киева

Мы узнали, что в субботу должны . . . наши киевские друзья и договорились с братом . . . на вокзал и встретить их. В 9 часов утра мы . . . из дома, чтобы к 10 . . . на вокзал.

— Как мы . . . ? — спросил брат.
— Я думаю, нужно . . . на автобусе.
— Давай лучше . . . на такси, тем более что нам надо . . . за цветами.

Мы сели в такси и . . . по проспекту Мира. Когда мы . . . мимо цветочного магазина, мы попросили шофера остановить машину . . . в магазин, купили цветов и . . . дальше. Мы . . . быстро, водитель . . . нас по тихим улицам, где почти нет движения, поэтому мы . . . за 20 минут. Таксист . . . нас к самому входу. Мы быстро . . . из машины и . . . в здание вокзала. Там мы . . . к окошечку справочного бюро и спросили, вовремя ли . . . поезд. Потом мы . . . на платформу и . . . вперёд.

Я первый увидел поезд.

— Смотри, . . . ! — сказал я брату.

Поезд медленно . . . и остановился. Друзья . . . из вагона. Мы стали здороваться.

Через 15 минут мы сели с друзьями в такси и . . . их в гостиницу. По дороге мы спрашивали:

— Как вы . . . ? Благополучно? С кем вы . . . в купе? Когда вы . . . из Киева? Сколько времени вы . . . ? Надолго вы . . . в Москву? Почему вы не . . . с собой ваших детей? Где они сейчас? Вы . . . их к своим родителям на дачу? Наверное, они очень хотели . . . с вами в Москву?

А друзья спрашивали нас:

— По какой улице мы сейчас . . . ? Это не улица Строителей? А мы . . . мимо Большого театра? Мы очень хотим . . . на балет «Спартак». Нам долго ещё . . . ? Скоро мы . . . ? Сколько мы ещё . . . до гостиницы? Что за здание впереди? Гостиница? Мы уже . . . ?

Ещё несколько минут, и мы . . . к гостинице.

Когда наши друзья получили ключи от номера, мы помогли им . . . чемоданы в номер, попрощались и . . . , пообещав . . . завтра утром.

КЛЮЧИ И КОММЕНТАРИИ К ЗАНЯТИЯМ

ЗАНЯТИЕ 1

1.

1. В русском языке насчитывается 18 пар бесприставочных глаголов движения типа *идти/ходить*.

2. Пары образуют глаголы несовершенного вида (НСВ).

3. В таблице выделены три группы глаголов: *непереходные, переходные* и глаголы на *-ся*.

2. К глаголам движения относятся: *плавать, гнать, плыть, лететь, ехать, идти.* Глаголами движения не являются глаголы *странствовать, путешествовать.*

3. Глаголы в каждой из пар обозначают один способ передвижения[12].

5.

1. К глаголам группы *идти* близки глаголы *добираться, возвращаться, мчаться, подниматься, направляться, спускаться, отправляться, доставлять.* К глаголам группы *ходить* близки глаголы *путешествовать, гулять, кружиться, показывать* (город). Перечисленные глаголы не образуют пар типа *идти/ходить*.

2. Глаголы в указанных парах различаются по *виду* и не обозначают способ передвижения.

6. Глаголами движения называют *глаголы, обозначающие способы передвижения в пространстве.* Эти глаголы объединены в пары типа *идти/ходить, ехать/ездить, бежать/бегать* и т. д. (см. таблицу, с. 6).

К глаголам движения относят 18 пар бесприставочных глаголов и глаголы с приставками, образованные от них.

7.

1. Во всех трех предложениях использованы глаголы, обозначающие один *способ передвижения* — движение пешком.

2. В примерах представлены три типа движения, которые отличаются направленностью и количеством повторений.

---

[12] Термин *способ передвижения* (движения) используется условно, поскольку разные глаголы указывают на разные особенности движения: а) механизм движения (*идти — бежать*); б) использование средств передвижения (*ехать*); в) среду движения (*лететь — плыть*); г) скорость движения (*нестись — тащиться*); д) цель движения (*гнаться*); факт принуждения к движению (*гнать*).

3. 1) *Однонаправленное*, 2) *двунаправленное* и 3) *ненаправленное движение*. На схемах каждый из этих типов представлен в виде: а) *однократного* и б) *повторяющегося* движения.

8.

1. Выбор бесприставочного глагола зависит от *способа передвижения* и *типа движения*. *Повторяемость движения* не влияет на выбор глагола.

2. Глаголы группы *идти* всегда обозначают однонаправленное движение, а глаголы группы *ходить* обозначают двунаправленное и ненаправленное движение.

9. Речь идёт о разных способах передвижения: *идти* — двигаться пешком, *брести* — не просто идти, а идти с трудом, медленно, не спеша; *бежать* — двигаться особым образом и быстро; *ехать* — двигаться с помощью транспорта или средств передвижения.

10. Глаголы типа *идти* всегда обозначают *однонаправленное* движение. Значение *однонаправленности* движения позволяет объединить эти глаголы в одну группу. Даже в тех случаях, когда в предложении не указан исходный и конечный пункты движения (*цель движения*), говорящий и слушающий понимают, что речь идет о движении в одном направлении. *Что ты там увидел? — Лодка плывёт.*

☞	*ехать в одну сторону*	*ехать в одном направлении*
	В какую сторону нужно идти?	В каком направлении нужно идти?
	Нам с вами ехать в одну сторону.	Нам с вами ехать в одном направлении.

12.

1. Однонаправленное движение может быть *прямолинейным* и *непрямолинейным*. В первом предложении изменение направления движения обозначено лексически (словами: *направо, налево, поворачивали*), и всё-таки *движение остаётся однонаправленным*, так как происходит из пункта А в пункт Б, т. е. к цели.

2. Во втором и третьем предложениях говорится о движении, которое не было непрерывным во времени. Но *в сознании говорящего* оно совершалось «в один приём». Пауза в движении — естественная составная часть движения. Если бы в этот момент был задан вопрос: *Как вы сюда попали? Что вы здесь делаете?*, то в ответ собеседник сообщил бы: *Мы едем в Крым; Мы идём... (туда-то) и остановились отдохнуть.*

13.

1. О повторяющемся движении говорится в предложениях правого столбца.

2. Нет, не указывают. Повтор движения выражается с помощью *лексических* и *грамматических* средств: *каждый раз* (1); *ехал куда-нибудь — читал что-нибудь* (3) или парой глаголов соответствующего *вида* и *времени*: *шла — встретила / шла — встречала* (2). Таким образом, *повтор движения выражен контекстом, а не глаголом движения*.

☝ Глаголы движения группы *идти* могут обозначать повторяющееся движение только в определённом контексте (в частности, в *контексте одновременных действий*) и при его поддержке.

3. В предложениях говорится о действиях, совпадающих по времени (полностью или частично) с движением. Движение здесь — фоновое действие. Главное действие происходит на фоне движения.
4. Да, поскольку действия (главное и фоновое) происходят одновременно.

14.
1. В первом предложении говорится о *повторяющемся движении*. На это указывает форма глаголов: оба глагола употреблены в форме настоящего неактуального времени, т. е. обозначают действие обычное, регулярно повторяющееся.
2. Содержание предложений различно. Изменение формы времени глаголов привело к изменению содержания: *утратилось значение регулярной повторяемости*; теперь в предложении говорится о *конкретном единичном случае*.
3. Чтобы второе предложение точно соответствовало первому, необходимо включить в него *лексический показатель повторяемости действия*: *Каждый раз (всегда), когда она шла на экзамен, она волновалась / Когда она шла на экзамен, она всегда (каждый раз) волновалась.*

☝ В предложении, где речь идёт о повторяющемся действии, необходимы лексические или/и грамматические показатели повторяемости, иначе предложение воспринимается как сообщение о единичном действии.

15.
Теряли, когда шли из магазина. — Потерял, когда шёл в магазин.
   Информацию о том, что действие (событие) происходит во время однонаправленного движения, на его фоне, можно передать выражениями *по дороге… (куда-либо)*; *по пути… (куда-либо)*:

 по дороге…; по пути… = когда мы шли…

   — *По дороге к метро* мы встретили однокурсника.
   — *Когда мы шли к метро*, мы встретили однокурсника.

17.
1. В предложениях правого столбца информация *неопределённа*. В предложениях левого столбца встреча происходила *во время движения* к парку, на пути в парк (т. е. **до** *посещения парка*). В предложениях правого столбца *определённость ин-*

формации утрачена: встреча могла происходить по пути в парк (**до**…), по пути из парка (**после**…) или в самом парке.

2. Да, *в контексте одновременных действий* замена глагола группы *идти* глаголом группы *ходить* невозможна. Она *ведёт к изменению смысла предложения* как в тех случаях, когда говорится об однократных действиях, так и тогда, когда речь идёт о повторяющихся действиях.

18.

1. В предложении говорится о *двух действиях, происходящих одно за другим*. Такой контекст можно назвать *контекстом* (или цепочкой) *последовательных действий*. В данном случае цепочка минимальна и состоит из двух звеньев.

2. Действия, о которых идет речь, происходят один раз, на что указывает совершенный вид (СВ) глаголов: *оделся — пошёл*.

3. Приставочный глагол *пошёл* указывает на переход к движению, начало движения (начинательное значение приставки *по-*) и синонимичен, в данном контексте, глаголу «отправился».

4. Описываемой ситуации соответствует предложение: *В 9 часов он одевался и шёл в библиотеку*. Глагол НСВ сигнализирует повторение цепи действий. Глагол *шёл*, заняв позицию глагола *пошёл*, сохранил значение начала движения. Таким образом, глаголы *пойти* и *идти* в определённом контексте передают один смысл: *начало движения*.

5. В библиотеке он занимается каждый день. *В десять часов одевается и идёт в библиотеку.* — Первое предложение сообщает о *регулярности действия*. Во втором — глагол *идёт* сигнализирует о *начале однонаправленного движения*.

6. *В контексте последовательных действий*, если цепь действий повторяется, значение начала однонаправленного движения передаётся глаголом группы *идти* (*идёт, шёл*).

7. *В контексте последовательных действий* замена глагола группы *идти* глаголом группы *ходить* невозможна, так как ведёт к изменению смысла (утрачивается значение начала однонаправленного движения).

19. 1) … мы пошли в библиотеку; 2) … мы шли в библиотеку; 3) … и поехали в центр города; 4) … мы ехали в центр города; 5) … многие студенты едут домой; 6) … я ехала в деревню отдыхать.

20.

1. Глаголы группы *идти* объединяются *значением однонаправленности движения*.

2. Сами по себе глаголы группы *идти* не передают повторяющееся движение, но обозначают такое движение в определенных контекстах: *контексте одновременных действий* и *контексте последовательных действий*.

3. Замена глаголов группы *идти* глаголами группы *ходить* в *контексте одновременных действий* и *контексте последовательных действий* невозможна вообще или ведёт к изменению смысла.

21. В отличие от глаголов группы *идти*, глаголы группы *ходить* не выражают *признак однонаправленности движения* явно, хотя и не противоречат ему. (См. также комментарии к заданию 13 занятия 2.)

Глаголы группы *идти* всегда обозначают *однонаправленное движение*. Глаголы группы *ходить* используются для обозначения *двунаправленного* и *ненаправленного движения*, а также называют *способ передвижения*.

22.

1. Речь идёт о ненаправленном движении.
2. О повторяющемся движении говорится в предложении справа. На это указывает лексический показатель повторяемости: *подолгу*.

23. Принялся ходить — непрерывно плавали — важно ходили — птицы летали — плавали... рыбки — плавали... лебеди — ходили туда-сюда.

25. Глагол *бывать* подчёркивает повторяемость движения: *Вы бывали в нашем городе? — Да, бывал/был несколько раз.*

☞

Ходил куда-нибудь.	=	Был где-нибудь.
Часто ходил куда-нибудь.	=	Бывал где-нибудь.
Не ходил никуда.	=	Нигде не был.
		Нигде не бывал.

27.

1. О повторяющемся движении говорится во втором предложении. Повторяемость движения выражена *лексическим показателем* (*часто*) и *грамматически* (*формой мн. ч.* — *в музеи, на выставки*).
2. Форма прошедшего времени глаголов группы *ходить* может обозначать повторяющее двунаправленное движение *только при поддержке контекста*.

28. 1) Каждую неделю... 2) В свободные дни... 3) ... в древние русские города. 4) ... они иногда / часто ходили смотреть русские фильмы.

29.

1. Во всех диалогах речь идёт о *двунаправленном движении*.
2. В диалогах 1, 2, и 4 представлено *повторяющееся движении*. В диалогах 1 и 2 повтор выражен самим глаголом движения, формой настоящего и сложного будущего (хотя в предложение могут быть включены и лексико-грамматические показатели повторяемости: *Обычно я хожу в библиотеку; Я буду регулярно ходить в библиотеку.* В диалоге 4 на повтор указывает слово *обычно* в реплике-вопросе. Форма прошедшего времени не выражает идеи повторяемости. Обратим внимание, что в вопросе диалога 1 использована форма настоящего времени в неактуальном значении, что также указывает на повторяемость.

3. В диалоге 3 речь идёт об однократном движении, а в 4 — о повторяющемся.

Однократность движения выясняется из более широкого контекста. Например, если разговор идёт о вчерашнем дне, то, скорее всего, имеется в виду единичное действие, если речь идёт о долгой стажировке, — повторяющиеся действия.

Чтобы предложение с глаголом *ходить* в форме прошедшего времени было понято однозначно, необходим *лексический показатель повторяемости/единичности*. Ср.:

Вчера я ходил заниматься в библиотеку.	*Обычно* (часто, иногда, каждый день и т. п.) я ходил заниматься в библиотеку.

Сравнивая диалоги 3 и 4 можно сказать: только форма прошедшего времени — *ходил, ездил, летал* — может обозначать однократное двунаправленное движение. При обозначении *повторяющегося двунаправленного движения* в предложение должны включаться *показатели повторяемости*.

30. 1) Если у вас нет учебника, нужно *пойти* в читальный зал. 2) Завтра я получу читательский билет и тогда *пойду* в читальный зал. 3) Если вы любите классическую музыку, *пойдите* сегодня в Большой зал Консерватории. 4) У меня совсем нет времени, иначе я *пошёл бы* с вами на каток.

31. 1) Жук; 2) Ёж; 3) Будильник; 4) Волк; 5) Муха.

ЗАНЯТИЕ 2

2. Выбор глагола движения не зависит от количества движущихся субъектов. Он определяется *направленностью* движения.
   1) По дороге *едет* машина / *едут* машины (в одну сторону).
   2) По дороге *едут* машины (навстречу друг другу).
   Во втором случае каждый поток машин движется в одну сторону.

3. 1) За кораблём летят чайки. 2) Над кораблём летают чайки. 3) С горы катятся лыжники. 4) На катке катаются дети и взрослые.

4. При замене глагола изменится и смысл текста. Глагол *плавали* обозначает *ненаправленное движение*. При его использовании *определённость* содержания будет утрачена.

5. 1) шла на работу или с работы — доставала газеты; 2) ехали в Москву — познакомились, 3) шёл к тебе — встретил студента; 4) иду к тебе — часто встречаю; 5) шёл с работы — забрал дочку из сада; 6) шёл с работы — забирал дочку из сада; 7) видели памятник — когда шли на стадион; 8) часто захожу — когда иду на факультет или с факультета. (См. также комментарии к заданию 13 занятия 1.)

6. Варианты ответов а) и б) различаются по значению. В предложениях 1а и 2а события происходят *во время движения* — по пути в театр (в Клин). В предложениях 1б и 2б события происходят *в тот отрезок времени, который занят...* (поездкой в Клин, посещением театра) и могли произойти по дороге... (в театр, в Клин) или по пути... (из театра, из Клина), или ... (в театре, в Клину).

Если говорящий знает, когда и где произошло указанное событие, он может уточнить время и место. Но нередко говорящий или этого не знает, или не помнит, или не считает нужным указывать как что-то не очень важное. (См. также комментарии к заданию 17 занятия 1.)

7. 1) пошёл/поехал, 2) шёл/ехал, 3) пошла/поехала, 4) шла/ехала, 5) пошли/поехали, 6) шли/ехали, 7) поехали, 8) ехали. (См. также комментарии к заданию 18 занятия 1.)

9. В ответах на все вопросы нужно сообщить об *однократном двунаправленном движении*, для чего следует использовать форму прошедшего времени глагола группы *ходить*.

☞ **был где-либо = ходил (ездил) куда-либо**
В воскресенье мы *были в театре*. = В воскресенье мы *ходили в театр*.

10. В ответах вы сообщаете о *повторяющихся* посещениях чего-либо. Поэтому используйте глаголы группы *ходить*: *Я хожу слушать спецкурс по фонетике*. Обратите внимание на используемый во втором предложении *лексический показатель повторяемости — регулярно*.

11. Хо́дите — пойдите — нужно ходить — нужно пойти — пошёл бы — поехал бы — ходил бы.

12. 1) ...Когда ездила в Киев; 2) ...когда ходил туда на экскурсию; 3) ...когда ходили в Третьяковскую галерею; 4) когда ходила в театр — когда ехала в театр; 5) ...когда ходили в театр — ...когда ехали домой, 6) когда идёте с работы или когда идёте на работу — ...когда иду на работу или когда иду с работы; 7) когда шёл в магазин — ...он шёл из магазина; 8) в лифте, мы ехали в одном лифте.

13.
1. Во всех предложениях речь идёт об *однонаправленном* движении. На это указывает, во-первых, глагол *ехали* (*ехала*), а во-вторых, — контекст: ехали *в университет*, ехала *из университета домой* (выделен путь туда и путь обратно).
2. В первом предложении говорится об однократном движении, во втором и третьем предложениях — о повторяющемся. На это указывает слово *обычно*.
3. *Однонаправленность* движения и его *повторяемость* выражены средствами контекста, а глагол указывает *способ передвижения*. В паре *идти/ходить* оба гла-

гола называют один и тот же способ передвижения. Поэтому оба этих глагола могут быть использованы при описании *повторяющегося однонаправленного движения* в предложениях, где речь идёт только об одном действии — о движении.

☞ 1) Глаголы группы *идти* подчёркивают *однонаправленность* движения, а глаголы группы *ходить* — его *повторяемость*.

2) В контексте одновременных и последовательных действий использование глаголов группы *ходить* вместо глаголов группы *идти* недопустимо.

---

14. 1) Предлагаю до метро идти пешком (*замена невозможна, так как речь идёт об однократном движении*), я до метро всегда хожу пешком. 2) На станцию мы обычно ходили пешком, а со станции домой всегда ездили на автобусе. 3) На работу я обычно еду на автобусе, а сегодня ехала на такси (*только сегодня — движение однократное, замена невозможна*). 4) В школу мы обычно ездили на трамвае, а из школы домой шли пешком. 5) Вы поднимаетесь на восьмой этаж по лестнице или ездите на лифте?

В последнем предложении на повторяемость действия указывает глагол в настоящем времени со значением регулярного действия: *поднимаетесь*.

16. Во всех предложениях глаголы группы *ходить* использованы *в характеризующем значении*. Они не описывают конкретные, реальные, наблюдаемые движения, а только: а) называют способ передвижения (3), б) характеризуют субъект через его умение, способность, возможность двигаться каким-либо способом (1), через знакомство с каким-либо видом транспорта, маршрутом (2), в) характеризуют предмет через его функцию (4).

17. 1) Хорошо (плохо) плавает; 2) ходить; 3) не умеют летать; 4) плавал(а) (не плавал(а)) на парусной лодке; 5) ездят; 6) носят; 7) ездят машины; 8) ходят люди.

18. Говоря о транспорте, глаголы *идти*, *ходить* и приставочные глаголы, образованные от них используют: а) пассажиры, б) те, кто собирается воспользоваться транспортом (хочет стать пассажиром), в) те, кто обслуживает транспорт и работники транспортных учреждений (например, вокзалов).

В других случаях, говоря о движении машин, поездов, электричек, можно использовать и глаголы *ехать*, *ездить* и их приставочные варианты.

Поезд *отошёл* от платформы. Автобус *подошёл* (только что *прошёл*).	Машина *отъехала* от дома.
Электричка ещё не *пришла*.	Машина *едет* быстро (*подъехала* к дому, *проехала* мимо нас).
	Пожарная машина *поехала*.

19. *Возможные ответы*: 1) До центра идёт 111-й автобус. 2) Общественный транспорт ходит по расписанию. 3) Летом электрички ходят чаще. 4) Эта электричка идёт со всеми остановками. 5) В часы пик поезда метро ходят с интервалом меньше минуты, а в другое время поезда ходят реже.

20. Для сообщения информации о виде транспорта, которым пользуются во время движения, можно воспользоваться двумя конструкциями:

1. $\boxed{\text{глагол движения}}$ + $\boxed{\text{на}}$ + $\boxed{\text{существительное (вид транспорта) в П. п.}}$

2. $\boxed{\text{глагол движения}}$ + $\boxed{\text{существительное (вид транспорта) в Т. п.}}$

Конструкция с предлогом *на — универсальна*. С её помощью может быть обозначено *любое* транспортное средство: *на вертолёте, на велосипеде, на лодке, на лыжах, на лошади, на собаках* и так далее.

Конструкцией с использованием творительного падежа без предлога могут обозначаться только некоторые виды транспорта: *ехать трамваем, автобусом, троллейбусом, маршруткой; поездом, электричкой, товарным поездом, лететь самолётом, вертолётом; плыть пароходом, теплоходом, катером.*

Конструкция второго типа не используется, когда речь идёт о *ненаправленном движении*: Мы *ездили* по городу *на автобусе*.

на метро, на такси

22. Выражение *ехать в автобусе* используется, если транспорт рассматривается как место, где что-то происходит: *В автобусе ехало много школьников: были каникулы; Мы с тобой ехали в одном автобусе; Они познакомились, когда летели в самолёте.*

Но: 1) *В университет я ехала на автобусе; В Москву мы летели на самолёте.* 2) *В Европу они плыли на океанском лайнере; Они познакомились, когда плыли на лайнере. —* Слова *корабль, пароход, теплоход, океанский лайнер, паром* не используются в конструкции «**в + П. п.**».

23. *Возможные ответы*: 1) Если я опаздываю, я еду на такси. 2) Когда я еду в такси, я чаще всего смотрю в окно. 3) В машине ехали два пассажира. 4) Мы с Марией ехали в Москву в одном поезде, в поезде и познакомились. 5) В самолёте летело несколько пассажиров с детьми. 6) Я ехал(а) на лифте. 7) Мы ехали с ним в одном лифте. 8) От Ярославля до Нижнего Новгорода они плыли на теплоходе. 9) На теплоходе плыла большая группа туристов.

25. Глаголы *ехать/ездить* обычно несут информацию о реальном способе передвижения, т. е. о движении с помощью транспортных средств.

Глаголы *идти/ходить*, могут употребляться (если речь идёт о движении в границах одного города, населённого пункта):

152

1) для обозначения *движения пешком*, т. е. в своём прямом значении;

2) в значении «*направляться куда-либо* (к кому-либо) с какой-либо целью», «*быть, присутствовать где-либо* (у кого-либо) с какой-либо целью». В этом случае реальный способ передвижения не важен.

Глаголы *идти/ходить* во втором значении чаще всего сочетаются со словами, обозначающими **событие, действие**: *заседание, работа, урок, занятия, семинар, лекция, консультация, экзамен, зачёт, собрание, конференция, митинг, встреча, день рождения, свадьба, вечер, приём, праздничный ужин, концерт, спектакль, балет, опера, фильм, премьера*, а также со словами, обозначающими **учебные заведения** и их подразделения: *школа, институт, университет, академия, консерватория, факультет, кафедра*; **зрелищные предприятия**: *театр, кинотеатр, цирк, стадион, выставка, музей, зоопарк*; **медицинские учреждения**: *поликлиника, больница*, и должностных лиц, их представляющих: *Я люблю ходить в театр; Она не любит ходить к врачам; Завтра я иду к юристу; Почему ты редко ходишь в кино?*

Иногда возможно параллельное употребление глаголов *ходить* и *ездить*. Ср.: *Вас вчера весь день не было дома. — Мы ходили/ездили в гости; Вчера у неё был свободный день и она не ходила/не ездила на работу.*

Если обозначается определённое **место**, пункт на территории города: *центр/окраина города, старая/новая часть города, Пушкинская площадь* или движение происходит **за пределы** населённого пункта, употребляется глагол, обозначающий *реальный способ передвижения*: *идти, ходить* — при движении пешком, *ехать, ездить* — при движении на транспорте. Ср.: *Мы ездили в музей-усадьбу «Абрамцево»*, **но**: *Недалеко от нашей дачи музей-усадьбу «Абрамцево», и мы часто ходим туда пешком.*

26. *Возможные ответы*: 1) Мы уже ездили на Пушкинскую площадь и видели памятник Пушкину. 2) Мы ходили в кинотеатр «Пушкинский» во время кинофестиваля, смотрели там два фильма. 3) Я ещё не ходил(а) в музей-усадьбу Л.Н. Толстого в Хамовниках, а в Ясную Поляну — ездил(а). 4) Мы группой ходили в Малый театр на спектакль по пьесе Островского. 5) Да, я уже ездил(а) в Дом книги на Новом Арбате. 6) Нет. Вечером я пойду на концерт в зал имени П.И. Чайковского. 7) Недавно мы ходили в Третьяковскую галерею. 8) Пока я не ездил(а) ни в Коломенское, ни в Царицыно, но я много слышал(а) о них и обязательно туда поеду.

28.

1. Диалог А1 (группа *идти*) происходит *в момент встречи*, этим объясняется употребление в диалогической части рассказа формы настоящего времени глагола. Но поскольку о встрече рассказывается спустя некоторое время, в самом рассказе о встрече используются глаголы в форме прошедшего времени: *встретил, спросил*.

2. Вопрос *Куда ты шёл сегодня утром?* возможен только при определённых условиях: 1) оба собеседника знают о встрече (*Куда ты шёл утром, когда мы встрети-*

лись?) или 2) говорящий должен сообщить собеседнику, когда и где он его видел: *Я видел тебя утром около общежития, куда ты шёл?*

3. Если из диалогов АЗ и БЗ (группа *ходить*) убрать лексические и грамматические показатели повторяемости, то речь пойдёт об *однократном, а не о повторяющемся* движении. Глагол движения утратит значение повтора.

32. На вопрос *Откуда ты идёшь? / Откуда вы идёте?* возможны два ответа: 1) прямой — с указанием, *откуда идёшь* и 2) косвенный — с указанием *куда ходил*. Ср.: *Я иду с факультета — Я ходил на факультет*. Второе предложение отвечает на вопросы: *Где вы были? Куда вы ходили?*

Косвенный ответ часто используется, если был задан вопрос-предположение: *Вы идёте из библиотеки? — Да, я ходил сдавать книги.*

Второй ответ возможен только в том случае, если диалогу предшествовало двунаправленное движение (см. в таблице: А 3).

 На вопрос-предположение можно ответить отрицательно:

— *Вы идёте из библиотеки? — Нет, я ходил на кафедру.*

33.

1. Я иду из библиотеки. / Я ходил в библиотеку.

2. Я иду из дома.

34. Употребление в диалоге-образце глаголов *еду* и *ездила* объясняется тем, что способ передвижения определяется по *основному* способу, который был использован. В диалоге подразумевается, что основным способом передвижения является движение на транспорте, но часть пути составляет движение пешком.

35. *Подруги из Петрозаводска*: — Мы едем из Петрозаводска. Решили провести отпуск в Москве.

Москвичка: — А я еду из Петербурга, ездила на конференцию, теперь еду домой, в Москву.

36.

1. В задании представлены примеры использования глаголов движения группы *ходить* для обозначения *ненаправленного движения.*

2. О повторяющемся движении говорится в примерах 1 и 3. На это указывают: грамматический показатель — *по утрам*, форма настоящего неактуального времени *бегаете* (1) и слово *часто* (3).

3. «Вспомогательные» глаголы помогают понять, о каком движении идёт речь. В примере (1) форма настоящего времени *хожу*, обозначающая *повторяющееся двунаправленное* движение, указывает на повторение *ненаправленного движения*. В примере (2) форма *пошла указывает* на однократность и передаёт значение «Она должна

быть в парке» (приблизительное местопребывание субъекта). В примере (3) форма *ездили*, обозначая также *двунаправленное* движение, не указывает на повторяемость. О повторе говорит только слово *часто* в начале диалога.

38.

2. В репликах диалога слева повторяется один и тот же глагол группы *идти*, а в репликах диалога справа — глагол группы *ходить*, поскольку на протяжении каждого диалога речь идёт *об одном и том же движении*.

3. Переход в речи с глагола группы *ходить* на глагол группы *идти* возможен, когда в сообщении о двунаправленном движении выясняются обстоятельства движения в одну сторону — только туда или только оттуда: *Мы **ездили** на выставку. — На чём вы туда **ехали**? — Туда мы **ехали** на метро, а обратно — на такси. — С кем вы **ездили**? — С Игорем и Наташей. Туда мы **ехали** все вместе, а обратно я **ехала** с Марией.*

Если никаких изменений на пути туда или оттуда не происходит (тот же вид транспорта, те же участники, та же скорость, то же время), то перехода на глаголы группы *идти* не будет: *Саша и Нина ездили на своей машине; Мы ездили туда всей группой.* **Но**: *Недавно мои друзья **ездили** в Сергиев Посад. **Туда и обратно** они **ехали** на электричке.*

42. При сравнении, в случае совпадения используются выражения с союзами «и» или «тоже»: *Ты ездил в Тверь, и я ездил в Тверь.* В случае несовпадения используется союз «а»: *Ты ехал поездом, а я летел самолётом; Ты ездил один, а я — с группой.*

44. В задании представлены вопросы, создающие естественный контекст использования глаголов группы *ходить* в форме прошедшего времени. Это те случаи, когда в ответе нужен именно глагол *несовершенного вида*. Использование форм *пошёл, поехал* и *сходил, съездил* в этом контексте ошибочно.

ЗАНЯТИЕ 3

3.
—Скажите, пожалуйста, этот автобус идёт до площади Гагарина?
—Скажите, я доеду (на этом автобусе) до площади Гагарина?

5.

1. ***По дороге к метро***: шёл к метро — шёл очень быстро — идёшь (бежишь) — иду на урок — поэтому и бегу — идёшь не из общежития — едешь (идёшь) — ездил в город — ходили (ездили) на экскурсию — хочу пойти — как вы туда ехали — до метро шли (дошли) пешком — ехали (доехали) на метро — до музея ехали — кто ездил — идёшь — ходил на семинар — иду с семинара — еду на Новый Арбат — поедешь на метро — должен бежать (идти).

быстро идти = бежать

2. Мы будем на одном семинаре: Я приехала — ездила в Италию — вы ехали на поезде или летели самолетом — ехала поездом — ехали — я ехала через — я приехала на стажировку — буду ходить на практические занятия — буду ходить на семинар — уже ходила — ходила в поликлинику — вы тоже ходите — хожу — ходила первый раз — будем ходить вместе.

6. 1) Куда вы ходили? / Откуда вы идёте? 2) Куда ты идёшь (едешь)? 3) Куда ты ходишь заниматься? 4) Куда вы ходили в свободное время, по вечерам? 5) Ты один ходил в театр? 6) Зачем ты идёшь в университет? 7) Вы ехали на автобусе или на трамвае? 8) Вы ездили с женой? 9) Вы ходили куда-нибудь на этой неделе? 10) Через какие страны вы ехали? / Как вы ехали? 11) Электричка шла со всеми остановками? 12) Вы ехали без пересадки? 13) Что вы делали вчера? / Где вы были вчера? / Почему вы не пришли на вечер? / Куда вы ходили? 14) Куда вы ходили? / Откуда вы идёте?

7. 1) Мы едём с концерта. / Мы ходили на концерт. 2) Я ходил(а) в Кремлёвский дворец. 3) Мы ходили на органный концерт. 4) Мы ездили в лес. 5) Мы ездили группой. 6) Нет, я не ходил(а) на семинар. 7) Мы едем в Москву. 8) Да, мы едем к друзьям. / Нет, мы идём в театр. 9) Да, мы ездили в Литературный музей. 10) Нет, я ещё не ходил(а). 11) Да, мы ехали в одном лифте. 12) Машины ездят (ходят) здесь часто.

8.

1. **За городом**: Куда вы ездили? — Вы ехали на автобусе? — Вы ездили один? — Там вы ходили куда-нибудь? — В лес вы ходили за грибами? — Вы, наверное, любите ходить за грибами? — А до озера вы шли пешком? / А на озеро вы ходили пешком? — Вы хорошо ездите на велосипеде? — На озере вы катались на лодке? — Домой вы тоже ехали электричкой (на электричке)?

2. **Разговор в вестибюле**: Куда ты идёшь? — А куда ты ходила вчера вечером? — В какой театр ты ходила? — Ты ходила одна? / Ты ходила с Сашей? — На что вы ходили (на какой спектакль)? — Ты первый раз ходила в этот театр? — Как вы туда ехали?

3. **В автобусе**: Откуда ты едешь? / Куда ты ездил (а)? — Я еду с концерта. / Я ходила на концерт. — Я ездил его поздравлять. / Я ездил к нему в гости. — Ты уже ходил (а)? — Когда ты ходил (а)? — Со мной ходили друзья. / Я ходил (а) с друзьями. — В прошлом году я не ходил (а) на эту выставку. — Я ездил (а) отдыхать. — Обычно я езжу на море, а в прошлом году ездил (а) на Волгу. — Где мы едем? — Дима пошёл. — Куда это он пошёл? — Зачем она ездила? / Почему она ездила сейчас? — Она ездила на свадьбу. — Мы, кажется, подъезжаем. — Мы вышли и пошли к общежитию.

☝ Когда пассажиры готовятся к выходу, то обычно говорят:

— *Простите, вы не выходите?*
— *Разрешите нам пройти (мы пройдём).*
— *Пропустите нас.*
— *Давайте меняться (поменяемся) местами.*

Возможные варианты ответа:

— *Я вас пропущу.*
— *Проходите, пожалуйста.*

4. **Разговор на остановке**: Ты умеешь кататься на лыжах?! — И я буду ходить кататься. — Где же ты будешь кататься? — Каждую субботу буду ездить за город. — Товарищ обещал, что будет ездить вместе со мной. — Очень приятно идти по лыжне за товарищем. — Там, где прошёл лыжник, остаётся след. Это и есть лыжня.— Ты так говоришь, как будто всю жизнь катался на лыжах. — Уже идёт!

9. Более определённый ответ дал Игорь. (См. также комментарии к заданиям 15 и 17 занятия 1.)

10. 1) Мы проезжали Тверь, когда ехали в Санкт-Петербург. 2) Когда экскурсовод рассказал вам историю города Ярославля — уже в Ярославле или когда вы ехали в Ярославль? 3) Он показал фотографии, когда мы ездили во Владимир, точнее — когда ехали из Владимира в Москву. 4) Мы видели памятник Маяковскому на Триумфальной площади, когда ходили в Театр сатиры. 5) Она купила этот сувенир, когда ездила в Ростов. 6) Эту симфонию мы слышали, когда ходили на концерт в зал имени П.И. Чайковского. 7) Я не помню, когда мы зашли к ней, когда шли в музей или когда шли обратно.

12. При ориентации на трассе однонаправленного движения используются глаголы: а) *идём, едем, летим* — форма настоящего времени; б) *проехали, прошли, пролетели* — форма прошедшего времени; в) *подъезжаем, подходим, подлетаем* — форма настоящего времени; г) *Мы не проедем?* — форма простого будущего (выражается опасение).

13.

1. Спрашивая: *Куда мы едем?* хотят узнать о конечной цели поездки. Цель вопроса *Где мы едем?* — уточнить, в какой точке маршрута находится в этот момент говорящий, и понять, далеко ли его остановка, скоро ли ему выходить. Часто вопрос задаётся из опасения пропустить свою остановку.
2. *Какую остановку (станцию) мы проехали? К какой станции (к какому городу) мы подъезжаем?*

14.

1. Где мы едем? — Мы проехали Тверь и подъезжаем к Клину.

2. Мы проехали Клин, подъезжаем к Москве. / Скоро приедем.

15. Вопросы, которые вы задаёте, могут быть двух типов: безличные с инфинитивом (*нам ехать*) и личные (*мы будем ехать*). При этом, в вопросе вместо вопросительного слова *сколько* можно использовать наречие *долго* (с глаголом НСВ) и *быстро* (с глаголом СВ): *Долго нам ехать? Быстро вы доехали?*

1) а) Сколько нам ехать? / Долго нам ехать? б) Сколько мы будем ехать? / Долго мы будем ехать?

2) а) Сколько нам ещё ехать? / Долго нам ещё ехать? б) Сколько мы ещё будем ехать? / Долго мы ещё будем ехать? Ср.: *Сколько нам осталось ехать?*

Обратите внимание, что вопросы, сформулированные по рисункам 1 и 2, похожи *по форме* и различаются только использованием, во втором случае, частицы *ещё*.

В данной ситуации также можно спросить *Скоро мы приедем? / Через сколько минут мы приедем?*

 В ответ на вопрос *Когда мы приедем?* сообщается *время прибытия*: *В девять часов; Десять минут второго; Без пяти девять.*

В ответ на вопросы *Скоро мы приедем? Через сколько… мы приедем?* сообщается *оставшееся время*: *Минут через семь; Через полчаса.*

3) Сколько (минут, часов, дней) мы уже едем?

Ответ: — Мы едем уже (20 минут, полчаса, сутки).

В этом случае употребление формы прошедшего времени *ехали* невозможно (нежелательно).

4) Сколько (минут, часов, дней) мы ехали? / За сколько (минут, часов, дней) мы доехали? / Быстро мы доехали?

Если нас интересует, сколько времени кто-то потратил на дорогу, в вопросе могут использоваться слова *долго* при глаголе НСВ или *быстро* — при глаголе СВ.

Долго вы ехали? — Почти час. / Быстро вы доехали? — За час.

Слова *долго* и *быстро* выражают субъективную оценку времени, их можно использовать и в вопросе, и в ответе. Этим мы подчёркиваем, что интересуемся *мнением* нашего собеседника или сообщаем своё *мнение*: *По-вашему, мы долго ехали? / Как по-вашему, мы быстро доехали? (Ну как, быстро мы доехали?) — По-моему, мы доехали быстро / Быстро мы сегодня доехали! Я не ожидал. — А по-моему, мы ехали очень долго, дольше, чем обычно.*

При конкретизации временно́го промежутка слово *быстро* заменяется конструкцией «**за + В. п.**»: *ехали час — доехали за час* (Ср.: *Читал статью час. — Прочитал статью за час*).

17. *Быстро вы доехали?* — вопрос о *затраченном времени*. Возможный ответ: *Быстро, за полчаса; Быстро вы ехали?* — вопрос о *скорости движения*. Возможный ответ: *Быстро, со скоростью 100 км/ч*.

Без слова *быстро* эти вопросы будут звучать так: *За сколько (минут, часов, дней) вы доехали?; С какой скоростью вы ехали?*

18. Ответ на вопрос: *На сколько дней ты ездил?* не получен. Реплика: «*Ехал я на неделю…*» не закончена. Говорящий сообщил только о своём намерении, о своих планах и не сказал о том, как было в действительности. Об этом обычно сообщается во второй части высказывания: «*…а был десять дней (пять дней)*».

Выражение «*ехал я на неделю, а был две*» указывает на несовпадение намерения и реального факта (Ср.: — *На какой спектакль вы ходили?* — *Шла я на «Дядю Ваню», а смотрела «Три сестры»*). Факт несовпадения подчёркивается союзом *а* (в случае совпадения используется союз *и: ехал на неделю и был неделю*).

В такой конструкции возможно употребление приставочного глагола *поехал: Поехал я на неделю, а был три дня.*

 В предложениях, выражающих несовпадение намерения и факта, глагол-сказуемое стоит на первом месте, перед подлежащим:

ехал я…; поехали мы…

19. Нет, не входит. Все 10 дней товарищ провёл во Владивостоке.

Конструкцией «**на + В. п.**» в сочетании с глаголом движения обозначается *время пребывания где-либо*. Время, потраченное на дорогу, при этом обычно *не учитывается*.

21. 1) Сколько времени мы будем кататься? / Долго мы будем кататься? (Сколько вы будете кататься? / Долго вы будете кататься?) 2) Сколько мы уже катаемся? 3) Сколько мы ещё будем кататься? / Долго мы ещё будем кататься? 4) Сколько мы катались? Сколько мы всего прокатались? Ср.: *Как, по-вашему, долго мы катались?*

Глаголы типа *прокататься (проходить, проездить* и др.) — совершенного вида. Они обозначают, что всё указанное в предложении или известное из ситуации время было/будет занято движением. Действие может восприниматься как длительное (субъективная оценка): *Они прокатались на лыжах целых два часа (до самого обеда, весь день).* (См. также комментарии к заданиям 18 и 19 занятия 9.)

22. Предложения не одинаковы по значению. Они отражают две разные ситуации. В первом случае продолжительность катания определяется *самими катающимися*, во втором — время задаётся *кем-то другим* (например, тренером, врачом и так далее).

1. *Сколько мы будем кататься?* = Сколько, вы думаете, мы будем кататься? / Сколько мы собираемся (планируем, намечаем) кататься?

2. *Сколько нам кататься?* = Сколько мы должны кататься?

В этих ситуациях вопросы также могут быть заданы вам кем-то третьим:

1. *Сколько вы будете кататься?* = Сколько вы собираетесь (планируете, намечаете) кататься?

2. *Сколько вам кататься?* = Сколько вам сказали кататься? / Сколько вы должны кататься?

25.
1. *Возможные вопросы*:
— Сколько мы ходили? / Долго мы ходили?
— Сколько времени мы проходили? / Долго мы проходили?
— Быстро мы сходили?

Возможные ответы:
— Вы ходили долго, сорок минут.
— Вы проходили очень долго, целых сорок минут.
— Вы сходили очень быстро, всего за полчаса.

2. В вопросах и ответах указывается время, в течение которого те, кто ходил в магазин, отсутствовали, то есть время, потраченное и на дорогу и на пребывание в магазине.

☞ При глаголе движения с приставкой *про-* (СВ!) сохраняется форма «**В. п. без предлога**» со значением временно́го отрезка: *ходили час / проходили час*.

При глаголе с приставкой *с-* (СВ!) используется предлог *за* и В. п. глагола: *ходили час / сходили за час*.

3. В задании рассматривается *двунаправленное движение*.

26. *Возможные ответы*: 1) Наконец-то вернулись! Вы знаете, сколько вы ходили? Вы проходили целый час! А мы сидим ждём вас. 2) Я поехал(а) на вокзал за билетами. Думал(а), проезжу не больше часа (съезжу за полчаса), а проездил(а) больше двух часов.

ЗАНЯТИЕ 4

1. 1) Я был болен и никуда не ходил (и поэтому не пошёл / не пришёл на занятия). 2) Я не пошёл, потому что уже ходил на эту выставку. / Я ездил в это время в посольство. 3) Я ходил в гости.

2. *В диалоге возможны реплики*: — Откуда ты едешь? — А вы куда ездили? — Мы ходили (ездили) в гости к Марте. Она ездила отдыхать в Турцию, только что вернулась. — Простите, я перебью вас: где мы едем? Мы не проехали (не проедем) нашу остановку? — Подъезжаем, через одну нам выходить.

5. В предложении «*Мы доехали быстро*» содержится характеристика движения по времени, *быстро* значит «*за короткое время*». В предложении «*Врач приехал быстро*» речь идет об отрезке времени, который отделяет момент вызова врача от момента его прихода, *быстро* значит *через (спустя) короткое время*.

7. 1) Зачем вы ходили сегодня в университет? 2) Где вы были вчера? / Что вы делали вчера? 3) Долго вы ехали? / Быстро вы доехали? / За сколько минут вы доехали? 4) Долго нам ещё ехать? / Долго вы ехали? 5) Долго нам ещё ехать? 6) Сколько мы уже едем? 7) Скоро мы приедем? 8) С какой скоростью вы ехали? 9) На сколько / надолго вы едете (ездили)? 10) Зачем ты идёшь/едешь на рынок (в магазин)? 11) Где мы едем? 12) По какой улице вы ехали? / Как вы ехали? / Какой дорогой вы ехали? 13) Долго нам ехать? / Сколько нам ехать? / За сколько минут мы доедем? 14) Вы шли пешком? / Вы ехали автобусом? 15) Вы ехали (ездили) вместе? 16) Когда мы приедем? 17) За сколько мы доехали?/ Быстро вы доехали?

8. *Возможные ответы*: 1) Да, ездил(а) в Дом книги. 2) Нет, я ходил(а) в библиотеку. 3) Когда шёл к метро. 4) Мы ходили на репетицию в среду после занятий. 5) Мы ходили вчера на концерт в консерваторию. 6) Я уже ходил(а) на этот фильм. 7) Я ездил(а) встречать друзей. 8) Да, ехал(а) я на неделю, а был(а) всего пять дней.

9. Экскурсия в школу: ходили на экскурсию — в какую школу ходили — шли или ехали — ехали на трамвае — шли пешком — ехать недалеко — доедем за 5–7 минут — скоро мы приедем — долго нам еще ехать — сейчас приедем — мы уже подъезжаем — мы приехали — сколько мы ехали — доехали — шли медленно — шли почти полчаса — если идти — можно дойти за 15 минут — шли на два урока.

10. Путник хотел узнать о расстоянии до ближайшей деревни. Он сформулировал вопрос с помощью слова *далеко* и ожидал получить сведения о длине пути, например, в километрах. Эзоп в своём ответе указал не расстояние, а время, потому что указание на время даёт *косвенную характеристику расстояния*. Ср.: *от дома до школы пять минут ходьбы; до стадиона десять минут езды.*

11. Для обозначения расстояния между объектами используется выражение: «**от**... *(чего)* **до**... *(чего)* столько-то километров (метров, шагов, остановок, кварталов)»: *От Москвы до Петербурга 650 км; От Земли до Луны 384 400 км; От университета до метро две автобусные остановки.* Обратите внимание на то, что слово *станция* как единица измерения расстояния не употребляется.

Количество единиц измерения может быть обозначено словосочетанием с числительным или словами *много/несколько*: *От Москвы до Охотского моря много тысяч километров; От дома до магазина несколько десятков шагов.*

Расстояние может быть охарактеризовано словами *далеко/недалеко, близко/неблизко*: *До остановки недалеко.*

Для характеристики движения *по расстоянию* используются предложения с обобщенным или конкретным субъектом. В последнем случае субъект обозначается дательным падежом:

—От метро до музея идти далеко.	—Мне от метро до музея идти довольно далеко.
—От университета до Москвы-реки идти около километра.	—Вам идти до реки около километра, а мне — три.

Вопрос строится с помощью слов *сколько, далеко* и *много (разг.)*:

—Сколько остановок ехать отсюда до универмага «Москва»?	—Мне нужен универмаг «Москва». Сколько остановок мне ехать?
—Далеко здесь идти до остановки?	—Далеко нам идти до остановки?

Сравните вопрос о расстоянии с вопросом о времени: *Далеко нам ехать? — Долго нам ехать? (Сколько километров вам ехать? — Сколько часов вам ехать?)*

 В предложениях как с *обобщённым*, так и с *конкретным субъектом* используется инфинитив глагола несовершенного вида (НСВ):

Отсюда до вокзала ехать три остановки / Отсюда до вокзала нам ехать три остановки.

1. *Вы едете городским транспортом на стадион.* В этой ситуации можно задать следующие вопросы:

1) Сколько остановок нам ехать до стадиона? / Далеко нам ехать до стадиона? Можно использовать обобщённый вариант вопроса: *Далеко ехать до стадиона?*

2) Сколько остановок (Далеко) нам ещё ехать? / Сколько остановок нам осталось ехать?

Включение в вопрос слова *ещё* обязательно. В ответе могут использоваться слова *уже* или *ещё*: ***Ещё*** *остановки три или четыре.* ***Уже*** *недалеко.*

3) *Сколько остановок (Много остановок) мы (уже) проехали?*

В ответ может включаться частица *уже* при общем значении «много» (*Мы проехали **уже** полпути; Мы проехали **уже** семь остановок.*) или частицы *пока только, ещё только* с общим значением «мало, немного» (*Мы проехали **пока только** пять остановок; Мы проехали **ещё только** пять остановок*).

4) *Сколько всего остановок мы проехали?*

Обратите внимание, что в случае 3 и 4 используется глагол совершенного вида с приставкой *про-: Сколько мы уже **про**ехали? (3); Сколько мы всего **про**ехали? (4)*

2. Вы едете на машине к друзьям на дачу.

1) *Сколько километров нам ехать?*

2) *Сколько километров нам **ещё** ехать? Далеко нам **ещё** ехать?*

3) *Сколько (километров) мы **уже** проехали?*

4) *Сколько **всего** километров мы проехали, много?*

При определении расстояния, кроме конкретных единиц измерения (километры и т. д.) могут также использоваться слова *часть (пути), половина (пути), полпути: проехали небольшую часть пути, третью часть пути, половину пути,* а также слова *много, мало.*

12. *Возможные ответы:* 1) От общежития до факультета ехать несколько остановок. 2) От университета до метро ехать (идти) две остановки. 3) От дома до метро мне ехать пять остановок на автобусе. 4) От дома до магазина — рукой подать, метров сто идти, не больше. 5) Совсем не далеко, одну остановку на троллейбусе проехать.

13. При движении на городском транспорте (автобусе, троллейбусе, трамвае) расстояние, обычно измеряют количеством остановок, а при движении на машине (мотоцикле, велосипеде и других средствах передвижения) — километрами и метрами.

1. —Сколько времени мы (уже) едем? — 10 минут. — Сколько остановок мы *проехали* за это время? — Четыре остановки.

2. —Сколько времени мы *едем?* — Полчаса. — А сколько километров мы *проехали?* — 30 километров.

3. —Сколько минут мы уже идём? — Двадцать минут. — А сколько мы прошли? —Почти полпути.

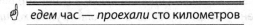
едем час — *проехали* сто километров

14. *В диалоге возможны реплики:* Мы с друзьями едем на автобусе на выставку. Друзья спрашивают меня: — Саша, сколько остановок мы уже проехали? — По-моему, остановок пять. — А сколько нам ещё ехать? — Не помню точно, кажется, остановок семь. — Сколько минут мы уже едем? — Около десяти. — А сколько остановок мы проехали? — Остановок пять-шесть. — А долго нам ещё ехать? — Ещё минут семь. — А сколько остановок нам осталось ехать? — Ещё три. Я скажу, когда выходить.

15.

1. Сколько километров вы прошли? Сколько времени вы шли? / За какое время вы прошли это расстояние? / За сколько часов вы дошли (доехали) от вашего города до Москвы?

2. Сколько дней (часов) вы ехали туда и сколько обратно? Сколько всего километров вы проехали?

3. Долго вы ходили по городу? Сколько километров вы прошли за это время?

16.

1. Если ехать (если вы будете ехать) от Белорусского вокзала к центру, сначала будет Триумфальная площадь, затем Пушкинская площадь, потом Тверская площадь.

2. Если ехать по Тверской улице к центру, памятник Маяковскому будет справа от вас, а памятник Пушкину — слева.

3. Если вы пойдёте по Тверской улице от центра, телеграф будет слева (на левой стороне улицы).

4. Если вы будете идти (пойдёте) по правой стороне Тверской улицы от центра, то вам не нужно будет переходить улицу. Книжный магазин «Москва» на той же стороне.

5. Если вы пойдёте (если идти) по Тверской улице от центра, то Камергерский переулок — это первый переулок направо. На углу вы увидите памятник Чехову.

17.

1. В левой части таблицы речь идёт об *однонаправленном* движении, в правой — о *ненаправленном.*

    а) О появлении ожидаемого лица или предмета сообщается с помощью формы настоящего времени: *Идёт! Едет! Летит! Бежит!*

    б) О приближении сообщается формой настоящего времени: *Идёт!*; об удалении — формой прошедшего времени: *пошёл, поехал, полетел, побежал.*

    в) О наблюдаемом ненаправленном движении сообщается формой настоящего времени глагола группы *ходить: Ты не видишь, кто там ходит?*

    г) О ненаблюдавшемся однонаправленном движении сообщается глаголом с приставкой *про-: Здесь недавно прошли люди,* а о ненаправленном — формой прошедшего времени бесприставочного глагола группы *ходить: Здесь уже кто-то ходил.*

2. Для сообщения о выходе движущегося субъекта из поля зрения наблюдателя (при однонаправленном движении) используются глаголы с приставкой *про-: прошёл, пробежал, проехал,* а при ненаправленном движении — глаголы с приставкой *у-: Уже улетела; Уже ушёл; Уже уехал.*

18. *Автобус идёт!* — сообщается о появлении автобуса в поле зрения наблюдателя. *Автобус подходит!* — сообщается о приближении автобуса к остановке.
  1) … уже идёт, 2) … уже подходит.

19.
1. 1) Поезд идёт. 2) Кто-то идёт. 3) Кто-то пошёл/прошёл.
2. 1) Почтальон идёт. 2) «Скорая помощь» поехала. 3) Контролёр идёт.

20. 1) Уже убежали. 2) Уже ушёл. 3) Уже проехала. 4) Уже прошли. 5) Уже прошёл. 6) Уже уехали (ушли). 7) Соседка куда-то пошла.

21.
1. Оба вопроса задаются тому, кто уже завершил движение. В этом их сходство. Вопрос *Как вы ехали?* задаётся, чтобы узнать об обстоятельствах движения. Это вопрос о: 1) *транспорте*, 2) *маршруте* или 3) *образе действия* (с пересадкой — без пересадки).

На вопрос *Как вы доехали?* должен быть дан ответ с общей оценкой завершившегося движения с точки зрения соответствия норме и самочувствия приехавшего: *Хорошо. Прекрасно. Отлично. Благополучно. Всё в порядке. Без приключений. Нормально. Не очень хорошо: я забыла в вагоне зонтик (в вагоне я простудилась).* В таком вопросе, как правило, не указывается направление движения, потому что оно известно из ситуации.

С помощью глагола *доехать (долететь, доплыть* и т. п.) сообщают также о прибытии на место: *Доехали мы очень хорошо.*

2. Уточняющие варианты вопроса *Как вы ехали?*: 1) *На чём вы ехали?* 2) *Какой дорогой / каким путём вы ехали? По какой улице вы ехали? Через какие страны и города вы ехали?* и т. п. 3) *Вы ехали с пересадкой или без?* Таким образом, на вопрос *Как вы ехали?* можно дать три ответа: а) *Мы ехали на поезде;* б) *Мы ехали через Брест и Минск;* в) *Мы ехали без пересадки.*

Обратите внимание на следующие словосочетания: *летели без посадки, прямым рейсом; автобус шёл без остановок.*

22. *В диалогах возможны реплики:*
1. — Алло! Это я, из Москвы. — Здравствуй! Как ты доехал (долетел)? Мы очень волновались. — Напрасно волновались, у меня всё в порядке. Доехал (долетел) я очень хорошо. Устроился в общежитии и уже отправил вам подробное письмо.
2. — Как ты вчера доехал? Попал под дождь? У нас была страшная гроза. — Спасибо. Доехал я прекрасно. Гроза началась, когда я уже ехал в электричке, а когда приехал в город дождь уже кончился.
3. — Как ты вчера доехал? — Нормально. И не доехал, а дошёл. Я живу рядом с театром. Мне ехать всего одну остановку. Я не стал ждать троллейбуса и пошёл пешком. Дошёл быстро. Всё в порядке. А как ты доехал? — Спасибо, и я хорошо.

На метро доехал до вокзала. Мне повезло: электричка шла почти без остановок. Доехал быстро. В 11 часов был уже дома.

23. Из ответов на эти вопросы хотят узнать об обстоятельствах движения: *маршруте, виде транспорта, пересадках*, а также о том, какие отрезки пути и промежуточные пункты нужно будет преодолеть, чтобы добраться до нужного места.

Конечный и промежуточные пункты на трассе однонаправленного движения выделяются с помощью глагола движения с приставкой *до-* и предлога *до: дойти до метро, доехать до станции ..., перейти на кольцевую линию и доехать до ...*.

24. Ответ на вопрос *Как доехать?* может строиться с помощью: 1) формы повелительного наклонения глагола; 2) сочетаний слов *нужно, можно* с инфинитивом глагола; 3) формы простого будущего времени (*дойдёте до.., доедете до.., перейдёте на.., доедете до...*) 4) формы настоящего времени глагола (*доходите до.., доезжаете до.., переходите на ...*). Часто в ответе используется не одна форма глагола, а разные.

27. Вопросы, в которых используются глаголы с приставкой *про-*, задаются или в ситуации ограниченного пространства (в помещении), когда нужный объект или место находятся поблизости, или: *Скажите, как пройти в библиографический отдел?; Скажите, как пройти к главврачу?; Вы не скажете, как пройти к цирку?* Глагол с приставкой *до- (дойти)* в этом случае не употребляется.

28. Во всех трех диалогах цель вопроса *Как ехать..?* — узнать об *обстоятельствах* пути: транспорте, маршруте, наличии пересадок.

Ситуации употребления вопросов разные. Вопрос *А как ехать?* обычно является реакцией на реплику собеседника, содержащую совет, просьбу куда-либо пойти, поехать, и выражает согласие, желание отправиться куда-либо.

29. *В диалогах возможны реплики*: 1) На днях я ездил в усадьбу Кусково. Там прекрасно: парк, архитектура, скульптура, пруды. Советую тебе там побывать. — Хорошо. А как туда ехать? 2) Приезжай ко мне! Я буду рад тебя видеть. — Я тоже хочу тебя увидеть. А как к тебе ехать? Это далеко? — Нет, сядешь на автобус, доедешь до метро, на метро доедешь до станции «Спортивная», а там я тебя встречу.

30. 1) Скажите, пожалуйста, как пройти в зал Рафаэля? 2) Вы не скажете, как мне лучше доехать (ехать) до Петергофа? 3) Скажите, пожалуйста, как пройти к памятнику Пушкину?

31. Оба вопроса — о *транспорте* и *маршруте*. Цель вопроса *Как мы поедем?*: а) при условии, что *все участники движения знают дорогу*, — выбрать лучший, оптимальный вариант; б) *если вы не знаете дороги*, — получить о ней информацию у спутников. Такой вопрос используется, когда в движении принимают участие все, в том числе и вы: *Как мы поедем до вокзала? На автобусе или на машине?*; *Как мы поедем домой? Я совсем не знаю дороги!*

Цель вопроса *Как вы поедете?* — узнать, *как* поедет (пойдёт, полетит) ваш собеседник. Такой вопрос используется, когда вы сами участвовать в движении не будете: *Как вы поедете в город? На автобусе или на машине?*

32. *В диалогах возможны реплики:* 1) — Я на несколько дней еду домой. — Как ты поедешь? На поезде? — Да, на поезде. 2) — Я иду в Третьяковку (Третьяковскую галерею). — Как ты поедешь: на автобусе или на метро? — Я хотел ехать на автобусе. А разве туда можно доехать на метро? — Конечно. Это быстрее.

34. В вопросе возможны оба варианта: *Как вы едете на работу?* и *Как вы ездите на работу?* Глагол группы *идти* используется, поскольку речь идёт об однонаправленном движении. Употребление глагола группы *ходить* возможно, так как называет тот же способ передвижения. Глагол группы *ходить* дополнительно указывает на повторяемость, регулярность движения. (См. также комментарии к заданию 13 занятия 2.)

Оба варианта возможны и в ответе, если пользуются одним видом транспорта или одним способом передвижения: *На работу я обычно еду на автобусе. — На работу я езжу на автобусе.* Но если в пути меняется способ передвижения или вид транспорта (т. е. создаётся *контекст последовательных действий*), необходимо использовать глагол группы *идти* без приставки или глагол с приставкой *до-*: *На автобусе я еду до метро, а потом на метро еду до места.* / *На автобусе я доезжаю до метро, а потом на метро еду до места.* Движение на последнем этапе часто обозначается глаголом без приставки. (См. также комментарии к заданию 23 занятия 4.)

36.

1. *В Петербург я съездил отлично. Город мне очень понравился. Я доволен поездкой* / *Как я сходил в театр? Очень хорошо. Спектакль замечательный. Мне очень понравилось.*

2. Такие вопросы задаются человеку после его поездки куда-либо, после посещения чего-либо, кого-либо.

3. Цель вопросов — выяснить впечатления собеседника от увиденного и услышанного, узнать, доволен ли он поездкой/ посещением, получить его оценку результатов поездки.

4. Сходство вопросов *Как доехали?* и *Как съездили?* в том, что они не о само́м движении, а о самочувствии человека (*Как доехали?*) или о впечатлениях от увиденного, услышанного, от поездки в целом, о результатах, которые были достигнуты.

ЗАНЯТИЕ 5

1. —Как вы доехали? —Спасибо, хорошо. / —Как вы долетели? —Спасибо, всё в порядке.

3. 1) — Скажите, как пройти к домику Петра I? 2) — Простите, как пройти в залы художника Репина?

5. Составляя диалоги, используйте выражения: *Скажите, пожалуйста, как доехать до… / Вы не скажете, как к вам доехать?; Откуда вы будете ехать (поедете)? / (А) откуда вы поедете?*

7. *В диалоге возможны реплики:* — Как ты ездишь в Дом книги? На чём? — До метро иду (дохожу) пешком, а потом еду на метро до «Библиотеки им. Ленина», там выхожу, сажусь на троллейбус 44 и еду до остановки «Дом книги».

9. *В диалогах возможны реплики:* 1) Как ты сходил в кино? 2) Как ты съездил? Купил билеты? 3) Как ты съездил в Суздаль? Понравилось?

10. 1) *Счастливого пути! Хорошо тебе доехать!* 2) *Счастливого пути! Хорошо, удачно тебе съездить!*

> Обратите внимание: первому предстоит однонаправленное движение, а второму — двунаправленное.

11.

1. — Далеко нам идти? / Сколько остановок нам ехать?

2. — Далеко нам ехать? — Сколько остановок мы уже проехали? / Сколько остановок нам ещё ехать? — Сколько всего остановок мы проехали?

3. — Сколько километров нам ехать? — Сколько километров мы уже проехали? / Сколько километров нам ещё осталось ехать? — Сколько (всего) километров мы проехали?

12.

1. — Вчера он сам прошёл… (шесть шагов).

2. — Я могу проплыть… (десять метров).

13. 1) Далеко нам ехать? 2) Вы не знаете, как они доехали? 3) Сколько мы уже проехали? / Много мы уже проехали? 4) Далеко нам ещё ехать? / Сколько нам осталось ехать? 5) Этот автобус идёт со всеми остановками? 6) Как вы доехали вчера? / Как вы съездили? 7) Вы не скажете, как пройти к аптеке? 8) Ну как ты сходил в театр?

15. Дождались: машина едет — Нина идёт — уже прошла — вон пошли — почему он не идёт — ребята бегают — кто-то идёт — Николай идёт.

16. В Музей А.С. Пушкина: ходили на выставку — как туда ехать — дойдёшь до метро — доедешь до станции «Кропоткинская» — идти недалеко — когда я шёл на занятия — ездил (ходил) на выставку — ездил (ходил) — и даже товарища возил (водил) — ехали с приключениями — дошли — доехали — пошли — идём и думаем — не туда мы идём — пройти — не в ту сторону идёте — дойти до вестибюля метро — сколько минут идти отсюда до музея? — за десять минут дойдёте. — Я рад, что сходил туда.

17. Мы были в театре: ходили уже редко — как мы поедем — может быть, поехать (поедем) на такси — решили идти к метро — когда шли к метро — не идёт ли автобус — идёт какой-то — Куда идёт этот автобус? Мы доедем до университета? — не доедете — не идет на Воробьёвы горы — как доехать — доедете до метро — далеко ехать до — нам ехать без пересадки — доедете до «Парка культуры» — сколько мы уже едем — долго нам еще ехать — скоро приедем — как доехал — как доехали — ехали на метро — доехал за полчаса — когда приехали — ехали недолго — приехали позже тебя — откуда едешь? — ездил в гости — куда ездили — ходили в театр — ехали домой не одни — пока шли от метро — ходил в театр.

18. Недавно он переехал: ездишь — еду (доезжаю) — еду — доезжаю за час — шёл (приходил) на трамвайную остановку — садился и ехал — как ты доехал? — ехал на такси.

19. Поездка в Петербург: еду в командировку — куда едешь — едет наш сотрудник — надолго едете — едем на неделю — когда едете — хорошо доехать — удачно съездить — Николай идёт — как съездил — съездил удачно — ходил в Эрмитаж — ходил в Русский музей — на Мойку ходили — в город Пушкин ездили — ходили там в Лицей — ездили туда на второй день после приезда — туда и обратно мы ехали на электричке — ехали минут 50 — до дома доехали за час — ездили на целый день — долго ходили (бродили) по парку — ходили во дворцы — ехал я на неделю — ехать домой — ехал один — Как ты доехал? — ехали три москвича — ездили в Петербург — ходил на концерты — ходил на симфонический концерт — много ходил (бродил) по городу — когда ехали в Петербург — водили нас по городу — должен идти.

20. Переходными глаголами движения являются следующие шесть пар бесприставочных глаголов: *вести/водить, везти/возить, нести/носить, катить/катать, тащить/таскать, гнать/гонять.*

21.
1. В тексте представлен один способ передвижения — движение пешком. И мать и дочь идут.
2. Ведущей представлена дочь — «ты ведёшь», хотя, на самом деле, ведёт мать. Её роль как ведущей — направлять движение, руководить им, помогать дочке в движении.
3. Глаголы вести/водить могут употребляться при условии, что субъект и объект движутся одним способом (идут), объект активен (идёт), при движении не используются транспортные средства.

22. *Описания рисунков*: 1) По дороге идёт женщина. Она ведёт за руку мальчика. 2) По улице идёт группа туристов. Группу ведёт экскурсовод. Он ведёт туристов в музей. 3) По дорожке идёт девочка с собакой. Девочка ведёт собаку на поводке.

Глаголу *вести* соответствует глагол *идти*, глаголу *водить* — глагол *ходить*. Во всех представленных случаях и субъект и объект совершают движение пешком. *Субъект руководит движением*, указывает путь, помогает идти.

23. 1) Мать вела дочку за руку. 2) Родители вели ребёнка за руки. 3) Мужчина вёл девушку под руку. 4) Сыновья вели старую мать под руки.

24. Выполняя данное задание, помните, что глаголы *вести* и *водить*, как и глаголы *идти* и *ходить*, могут употребляться для указания на посещение чего-либо, на присутствие где-либо. При этом *реальный способ передвижения* не учитывается. (См. также комментарии к заданию 25 занятия 2.)

26. *Описания рисунков*: 1) По дороге едет (идёт) машина. В машине едет Дед Мороз. Он везёт ёлку и подарки детям. 2) В самолёте летит Дед Мороз, он везёт ёлку и подарки. 3) По морю плывёт (идёт) корабль. На корабле плывёт Дед Мороз. Он везёт ёлку и подарки. 4) Мальчики везут большие санки. В санках едет Дед Мороз. Он везёт подарки и ёлку. (Дети везут на санках Деда Мороза.) 5) По дорожке идёт Дед Мороз. Он везёт «санный поезд». На санках едут дети. Они везут подарки.
Глагольные пары: едет — везёт; летит — везёт; плывёт — везёт; бегут — везут; идёт — везёт, едут — везут.

27.
1. Для перемещения объекта используются различные транспортные средства: машина, самолёт, корабль, санки и т. п. Благодаря этому возможно употребление глагола *везти*.
2. Субъект движения использует разные способы передвижения. Например, Дед Мороз *едет*, (*летит, плывёт, идёт*); мальчики *бегут*. Сам субъект движения может как пользоваться, так и не пользоваться транспортными средствами.
3. Выбор переходного глагола движения не зависит от способа передвижения субъекта.
4. Глаголу *возить* соответствуют глаголы *ездить, летать, плавать, ходить, бегать*.
5. Глаголы *везти — возить* употребляются в том случае, когда *объект* перемещается с помощью транспорта или средств передвижения.

 Запомните словосочетания, в которых объектом движения являются средства передвижения.

О действиях человека:
везти коляску, санки, тележку, игрушку (машинку, поезд, лошадку).

О действиях животных (лошадей, оленей, собак):
везти сани, нарты, телегу, какой-либо экипаж.

28.

1. Экскурсовод — работник музея или экскурсионного бюро. Он водит экскурсантов по музею, водит и возит их по городу, давая пояснения.

2. Возможны три варианта: 1) только пешеходные; 2) только автобусные и 3) автобусные и пешеходные. Форма *вожу* соответствует двум глаголам: *водить* и *возить*.

29. *Возможные ответы*: 1) Сосед вёз сына в зоопарк. 2) Да, я возил их на книжную ярмарку. 3) Я вёл их в музей. 4) Я водил его на концерт.

☞ При описании одного и того же конкретного движения переходные и непереходные глаголы должны быть из одной группы — или из группы *идти*, или из группы *ходить*.

---

30. В данном тексте переходным глаголам *нести* — *носить* соответствуют разные непереходные глаголы движения: *ходить, идти, брести, бежать*.

32. *Описания рисунков*: 1. По дороге, взявшись за руки, идут мальчик и девочка. Они идут в школу. Мальчик несёт на спине сумку с книжками и тетрадями, девочка несёт в руке цветы. Рядом с детьми бежит собака. Она несёт в зубах портфель девочки. 2. По дороге на стадион идёт мальчик. Он несёт на плече клюшку. 3. По дорожке стадиона бежит спортсмен. Он несёт в руке факел. Это олимпийский огонь. 4. Над озером летит чайка. В клюве она несёт рыбу. 5. В небе летит орёл. В когтях он несёт добычу.

Ответы на вопросы:

1. Нет, транспорт и средства передвижения *не используются* субъектом для перемещения объекта.

2. Нет, сам субъект *не использует* транспорт и средства передвижения.

3. Перемещение объекта происходит в результате того, что объект находится *при движущемся субъекте*: в руке (в руках), на плече, на спине, в кармане, в сумке, в рюкзаке... (о человеке); в зубах (о животных); в клюве, в когтях (о птицах). *Мать несёт ребёнка на руках; Кошка несёт в зубах мышь; Чайка несёт рыбу в клюве.*

33. Везёт пакет — несёт чай — везёт ребёнка — едут — везут всё, что нужно — вёз (катил) тележку с чемоданами.

34. 1) Самолёт. 2) Паровоз и вагоны. 3) Улитка/черепаха.

☞ «Закон улитки» (см. загадку 3)

При описании одного движения с помощью *переходного* и *непереходного* глаголов оба глагола должны быть из одной группы — или из группы *идти*, или из группы *ходить*.

---

35. 1) Он *ведёт* группу туристов; 2) *несёт* газету; 3) её *вёл* под руку мужчина; 4) они *несли* удочки; 5) *везли* доски.

36. 1) Нет, его возит дедушка. 2) Лодочник вёз пассажиров. 3) Нет, он возил с собой товарища. 4) Нет, он часто водит их на экскурсии. 5) Нет, я водил(а) в театр своих гостей.

ЗАНЯТИЕ 6

1. 1) Как мне доехать — можно доехать/ехать на автобусе — можно дойти пешком — дойдёте до конца улицы и пойдёте налево; 2) этот автобус идёт со всеми остановками — со всеми; 3) на каком автобусе мне ехать — вам ехать в другую сторону — вам нужно ехать на 47-м — на шестой остановке выходить; 4) как вы съездили во Владимир; 5) как вы сходили на вечер поэзии; 6) как вы съездили/ сходили — неудачно съездили/сходили — напрасно проездили/проходили два часа; 7) как (на чём) поедем — по-моему, лучше ехать на троллейбусе — троллейбус идёт/подходит; 8) что-то долго автобус не идёт — идёт такси — не хочешь поехать на такси — можно поехать — минут за двадцать доедем; 9) автобус не идет — идёт какой-то.

2. 1) В соседнем купе ехали геологи. Они ехали из экспедиции и везли большой багаж. 2) В автобусе ехало много школьников. Они ехали с прогулки. Некоторые везли букеты цветов. 3) Вдоль берега плыла лодка. В ней плыл мужчина. Он вёз какие-то ящики. 4) В вагоне электрички ехало довольно много пассажиров. Некоторые везли полные корзины грибов. 5) Друзья с удовольствием водили и возили нас по городу. 6) Товарищ всегда носит в сумке много книг. 7) Учительница часто водит учеников в музеи. А вчера она возила их за город. 8) По городу туристов водили (возили) опытные гиды.

7.

На перроне: ехать — приедем на место — ехать без пересадки — как доехали — везёте большой багаж — далеко ехать — за полчаса доедем — идут — несут — несут цветы — идёт носильщик — везёт много чемоданов — едет автокар — везут багаж — идёт пожилая женщина — ведёт мать под руку — несёт чемоданчик — Счастливо всем доехать!

В самолете: летим к морю — везу его к бабушке — первый раз летишь — уже летал — летели от бабушки — лететь / летать на самолете — нравится летать — летим — ещё лететь — скоро прилетим — надолго летите.

8.

В автобусе: куда едешь и что везёшь — еду в город, везу часы — шла девушка — ты нёс в руке — вожу её по городу — мы ходили — на что вы ходили — я водил

172

сестру — в руке я нёс — ездили за город — возил Марию к бабушке на дачу — ездили на машине — ездили на весь день — ехали в темноте — куда едете — ездили в магазин «Мелодия» — едем в букинистический магазин.

В сквере: идут три девочки — идут из школы — каждая несёт сумку — часто носят — идёт — ведёт внука — идёт важно — везёт машину — поехала (проехала, едет) машина «Скорой помощи» — летит воробей — несёт кусочек хлеба — ведёт собаку на поводке — несёт в зубах палку — идут молодые родители — несёт на руках — везёт в коляске — ходит в детский сад — ведут в сад — пришлось бы возить — идёт — куда вы идёте — несёте с собой магнитофон — иду — несу — ездил в город — возил младшую дочку — я возил её туда — ездили смотреть — ходили/ проходили два часа — любит ходить в зоопарк — водил её на цирковые представления — несите — пора идти.

9. Приставка по- имеет *начинательное значение*. Глаголы *пошёл, побежал* употреблены в цепи других глаголов СВ, обозначающих последовательные действия. Таким образом, глагол с приставкой по- обозначает здесь начало движения, переход от покоя к движению.

10. Глагол *пошёл* обозначает переход к новому этапу движения — после «встречи» с указателем «Тихий ход!» меняется скорость движения.

11. 1) Мы сели в автобус и поехали за город. 2) Они вышли из автобуса и пошли к лесу. 3) Он взял книги и понёс их в аудиторию. 4) Мы осмотрели первый этаж музея и пошли на второй. 5) Лифт не работал, и мы пошли по лестнице. 6) Студенты вошли в лифт и поехали вниз. 7) Мяч упал в воду и поплыл. 8) Монета упала на пол и покатилась под стол. 9) Он сел на велосипед и покатил к магазину. 10) Мы купили ёлку и понесли (или повезли) её домой. 11) Скоро все устали и пошли медленнее. 12) Девочка увидела собаку и побежала. 13) Носильщик поставил чемоданы на тележку и повёз их к вагону. 14) Мать взяла ребёнка за руку и повела его домой. 15) Мать взяла ребёнка на руки и понесла его в ясли. 16) Мать посадила ребёнка на санки и повезла его в детский сад. 17) Санитарка взяла больного под руку и повела его в палату. 18) Овощи погрузили на машину и повезли их в город. 19) Секретарь взяла бумаги и понесла их на подпись к директору. 20) Нас встретили на вокзале, усадили в автобус и повезли в гостиницу.

13. Намерение совершить или не совершать движение выражено формой будущего времени глагола типа *пойти: пойду/не пойду*.

14. В предложениях левого столбца говорится об отсутствии действия, а в предложениях правого столбца — о том, что намеченное, предполагавшееся действие не состоялось. В первом случае употребляется глагол НСВ (*не ходил*), во втором — СВ (*не пошёл*).

19. Глаголом *пошел* (пр. вр. от *пойти*) в сочетании с обстоятельством места (*на занятия, в университет*) указано предполагаемое местопребывание субъекта в момент речи.

20. *Возможные ответы*: 1) Они пошли в буфет. 2) Они поехали в музей-усадьбу Л. Н. Толстого. 3) Некоторые продолжали учиться в родном городе, а некоторые поехали учиться за границу, как я. 4) Он ходил к врачу. 5) Она поехал на вокзал за билетами.

24. Вариант а: 2, 4, 5, 7, 9, 11. Вариант б: 1, 3, 6, 8, 10, 12, 13.

27. Глаголы *пошёл, поехал, поплыл, побежал* и др. используются в разговорной речи при прощании: они указывают на то, что говорящий *отправляется, уходит, уезжает*, т. е. начинается движение.

28. В предложениях левого столбца глагол *пойди* используется в прямом значении: как побуждение совершить движение. В предложениях правого столбца он использован, чтобы подозвать собеседника, и заменяет здесь глагол *подойди* (неофициальная речь): *Пойди ко мне (пойди сюда), я что-то тебе скажу.*

29. Цель движения может быть выражена глаголом в разных формах: в форме инфинитива СВ/НСВ или в форме, повторяющей форму глагола движения, например: *пойду пообедаю, пойди пообедай, пошёл пообедал* и так далее.

Сочетание инфинитива НСВ с глаголом движения типа *пойти* выражает готовность выполнить какое-либо действие: — *Что ты будешь делать?* — *Пойду узнавать новое расписание; Пойду обедать.*

Инфинитив СВ выражает цель более определённо (ср.: *пойду узнать = пойду, чтобы узнать; поеду поздравить = поеду, чтобы поздравить*). Сочетание глагола движения с инфинитивом СВ встречается намного реже, чем с глаголом НСВ.

Повторение целевым глаголом формы глагола движения создаёт сдвоенный (двойной) глагол, где главный смысл передаётся вторым глаголом (при этом глагол движения нередко может отсутствовать). Такая конструкция часто используется с целью подчеркнуть завершённость действия, например, в контексте последовательных действий: *Пойду пообедаю, а потом пойду на репетицию; Пошёл пообедал, а потом пошёл на репетицию.* Или при передаче перфектного значения (результат действия сохраняется в момент речи): *Откуда у тебя книга?* — *Пошёл купил в киоске.* Сочетание двух форм прошедшего времени может быть важно для понимания смысла высказывания: *Потом он пошёл проводил гостей / Потом он пошёл проводить гостей; пошёл пообедал / пошёл пообедать.*

Глагол СВ, как правило, повторяет императивную форму глагола движения: *Пойди узнай, пойди посоветуйся, поезжай посмотри.*

Знакомство с необычным, но типичным для русской разговорной речи явлением «сдвоенного глагола» необходимо, чтобы воспринимать его в тексте (письменном и устном) и, по возможности, активно употреблять в речи.

30. 1) Пойди открой…; 2) пойди посмотри…; 3) пойди позови…; 4) пойдите повесьте…; 5) пойди помоги…; 6) поезжай посмотри…; 7) пойди помоги…; 8) пойди объясни…; 9) пойди проверь…

32. 1) Сейчас пойду отнесу. 2) Сейчас пойду положу. 3) Сейчас пойду приму. 4) Сейчас пойду проверю. 5) Сейчас пойду предупрежу. 6) Сейчас пойду запишусь. 7) Сейчас пойду отдам. 8) Сейчас пойду закажу. 9) Сейчас пойду выключу.

33. 1) Поеду встречу; 2) Поеду навещу; 3) Пойду запишусь; 4) Пойду посмотрю; 5) Пойду помогу; 6) Поеду отвезу; 7) Пойду попрошу перевести; 8) Поеду поздравлю.

34. *Возможные ответы:*
1. *Мне нужно было заплатить за квартиру и навестить подругу.* Сначала я пошла заплатила за квартиру, а потом поехала навещать/навестить подругу.
2. *Вашему товарищу нужно сдать часы в мастерскую и встретить друзей на вокзале.* — Мой тебе совет: сначала пойди сдай часы в ремонт, а потом поезжай на вокзал встречать друзей.

35. 1) Пошёл купил в киоске; 2) пошёл поздравил; 3) поехал купил; 4) поехал подал; 5) поехал сдал свои документы на конкурс; 6) пошла уплатила.

36. *Он пошёл проводил гостей до остановки*: цель действия — *проводить* — достигнута. Провожатый, по-видимому, вернулся домой (мог это сделать). *Он пошёл проводить гостей до остановки*: цель движения обозначена инфинитивом — *пошёл, чтобы проводить* — следовательно, провожатый ещё не мог вернуться, ещё не вернулся.

37.
1. Действие, обозначенное инфинитивом НСВ (*пошёл провожать*), воспринимается как неопределённо длительное, а обозначенное инфинитивом СВ (*пошёл проводить*) — как кратковременное.
2. Остался бы ждать при ответе: Он *пошёл проводить* гостей.

38. 1) Пойду в библиотеку писать курсовую работу. 2) Пойду в Третьяковскую галерею знакомиться с русской живописью. 3) Пойду в театр смотреть «Три сестры». 4) Пойду к соседу играть в шахматы. 5) Пойду на концерт слушать победителей конкурса им. Чайковского.

39. Да, зависит. НСВ предпочтителен в тех случаях, когда: а) тип, характер или количество объектов требует значительного времени для осуществления какого-либо действия по отношению к ним (*покупать компьютер, выключать свет в аудиториях всего этажа, читать монографию*) или б) когда объект не ограничен объёмом (*покупать воду*).
Инфинитив СВ обязателен, если глагол: а) не имеет формы НСВ (*пошёл перекусить, пройтись*), б) обозначает действие, ограниченное по продолжитель-

ности (*пошёл побегать, поговорить*) или в) объект ограничен по объёму, количеству (*пошёл выпить соку, чаю; купить воды, соли, спичек, коробку конфет, пакет муки*).

В тех случаях, когда возможны оба вида (СВ и НСВ), выбор зависит от смысла высказывания:

— *Зачем он пошёл?* — *Купить газету (чтобы купить газету). Он пошёл узнать новое расписание.* — сообщается о цели движения.

— *Где он? Куда он пошёл?* — *Он пошёл покупать газету (соль, спички, воду / поехал покупать костюм, телевизор).* — сообщается о местопребывании субъекта, о том, чем он занят.

41. *Цель движения* может обозначаться глаголом НСВ или СВ. Если цель обозначается глаголом НСВ, он имеет форму инфинитива. Если же цель обозначена глаголом СВ, то этот глагол обычно повторяет форму глагола движения (будущее время, императив, инфинитив, форма сослагательного наклонения: *пойду узнаю, пойди узнай, нужно пойти узнать, пошёл бы узнал*) и значительно реже употребляется в форме инфинитива. (См. также комментарии к заданию 39 занятия 6.)

ЗАНЯТИЕ 7

6. Инфинитивом СВ и НСВ обозначена *цель движения*. Инфинитив СВ использован в тех случаях, когда нужно обозначить кратковременное, непродолжительное действие, а инфинитив НСВ — там, где речь идёт о действии длительном.

> Обратите внимание на возможность параллельного употребления целевого глагола в форме простого будущего и — реже — инфинитива СВ. Например: *Я пойду **узнаю** / **узнать**, когда приходит поезд, а ты жди меня тут; Он пойдёт **подпишет** / **подписать** справку у декана, а я останусь ждать звонка; Подождите меня минуточку: я пойду **проверю** / **проверить**, выключен ли компьютер.* Употребление инфинитива СВ (в отличие от инфинитива НСВ) ограничено.

7. Хороший сувенир: пойди посмотри — поехали и купили — поеду куплю — нужно поехать купить — поезжай купи — пойдёшь обедать — собирались идти (пойти) — идите обедайте — поеду куплю — пойду пообедаю (обедать) — поехала — съездить.

8. *В среду мы идём в театр* — обозначено предстоящее действие. Оно состоится в будущем, через несколько дней. Форма настоящего времени в значении будущего подчёркивает *обязательность предстоящего действия*. Форма простого будущего — *пойду* — такого значения не имеет.

9.

1. Форма *иду* отличается от формы *пойду* модальностью. Она подчёркивает обязательность предстоящего действия. *Я иду в театр* — значит: *я должен идти, я не могу не идти*.

2. В предложении, в состав которого входят слова со значением неуверенности, предположения (*может быть, наверное, возможно*) форма *иду* не может быть использована. Её значение противоречит идее неуверенности, что исключает возможность её употребления.

3. Да, в этом случае использование формы *пойду* возможно: *Я обязательно (конечно, само собой разумеется и др.) пойду в театр.* Включение же слов со значением уверенности в состав предложения с формой иду не требуется, так как это значение уже выражено формой глагола.

10. Нужно было сказать: *Спасибо за приглашение, но, к сожалению, я не смогу прийти — я иду в театр*, т. е. представить действие как предстоящее, которое нельзя отменить. Иначе собеседник может думать, что вы выбираете между его приглашением и чем-то другим, и это другое предпочитаете его приглашению.

13. В диалогах представлены разные способы выражения *предложения к совместному действию* — лексический (*предлагаю пойти*) и грамматический в виде специальных форм **императива совместного действия**. Это 4 конструкции различной степени разговорности: *пойдём(те), идём(те), давай(те) пойдём, пошли*. Форма *идёмте* может использоваться, в частности, при побуждении к началу действия: *Все собрались? Идёмте!*

Цель совместного действия может быть обозначена глаголом совершенного или несовершенного вида. Глаголы НСВ представляют длительное или повторяющееся действие (Ср.: *пойдёмте обедать, идёмте обедать, пошли обедать, давайте пойдём обедать — давайте ходить обедать в столовую*) и имеют форму инфинитива.

Глаголы СВ указывают на однократность целевого действия, его завершённость, ограниченность во времени и обычно имеют форму простого будущего: *пойдёмте пообедаем, идёмте пообедаем, пошли пообедаем, давайте пойдём пообедаем!*

Для выражения согласия с предложением используются те же 4 конструкции (обычно глагол движения без распространителей) — *пойдёмте, идёмте, пошли, давайте пойдём*, а также слово *давай(те)*, если предложение было оформлено с помощью этого же слова: *Давайте завтра поедем за город! — Давайте!* Форма выражения согласия выбирается независимо от того, как было оформлено предложение, кроме указанного исключения. Например: *— Пойдёмте походим! — Пойдёмте! (Идёмте! Пошли!).*

Несогласие обычно выражается косвенно, например, предлагается лучший, более целесообразный вариант: *— Поедемте на такси! — По-моему, лучше поехать на метро, в часы пик это надёжней — нет пробок.* Реже используется контрпредложение: *Давайте не пойдём никуда, побудем дома.*

15.

1. Совместно выполнено будет только движение.

2. В диалогах могут быть использованы другие формы глагола движения со значением совместного действия.

16. 1) Пойдём в поликлинику, ты покажешься глазному врачу. 2) Хочешь, поедем в магазин, я помогу тебе выбрать фотоаппарат. 5) Поехали на рынок, ты купишь там всё, что нужно, чтобы приготовить твоё национальное блюдо.

17. *Приглашение* может быть оформлено в виде вопроса: *Вы не хотите пойти в театр? Хотите пойти со мною в театр? Пойдёшь со мной в театр? Можно пригласить вас в театр? Согласие* выражается при помощи форм будущего простого (*пойду*) или условного наклонения (*пошла бы*). Реплика может включать выражение «*С удовольствием*», а также слова благодарности за приглашение: *Спасибо. С удовольствием пойду (пошла бы).*

Кроме того, в разговорной, неофициальной речи используются следующие три конструкции со значением совместного действия: *Пойдём со мной… (куда-л.)!* — *Идём со мной… (куда-л.)!* — *Пошли со мной… (куда-л.)!* Согласие может быть выражено конструкциями: *С удовольствием пойду; Пойдём!; Идём!; Пошли!* Эти конструкции как бы переводят приглашение в предложение совершить действие совместно.

Отказ от приглашения может быть выражен предложениями: *Спасибо за приглашение, но я не смогу пойти; Я с удовольствием пошёл бы, но, к сожалению, занят.*

20.

1. Совместно осуществляется только движение.

2. Возможные варианты приглашения: *Идём со мной! Пошли со мной!*

23. Предложения различаются по смыслу. В предложениях слева содержится *приглашение к совместному действию*, в предложениях справа глагол *пойдите* передаёт *совет*. Действие не будет совместным, говорящий не будет принимать в нём участия.

24. Предложения различаются по смыслу. В первом выражено приглашение к совместному действию, а во втором — просьба помочь: пойти в музей, чтобы рассказать о нём.

1) … Пойдёмте с нами! 2) …Пойдите с нами!

ЗАНЯТИЕ 8

1. *Я предлагаю пойти посмотреть новый фильм.* — *Давайте пойдём посмотрим!* или *Саша, пойдём, если хочешь, посмотрим новый фильм, я иду.* — *Пойдём!*

4. 1) Вы придёте на встречу с журналистами? — К сожалению, нет, я иду в театр. 2) Мы могли бы встретиться завтра после обеда? — К сожалению, нет, я иду в гости.

3) Почему вы отказались ехать в Казань? — В это время я еду (мы едем) в Петербург. 4) Ты можешь завтра остаться дома, не ходить на факультет? — Нет. Я еду на встречу с руководителем. 5) Хочешь поехать с нами в Ясную Поляну? — С удовольствием поехал бы, но я еду в аэропорт встречать друзей. 6) — Нина, куда ты идёшь? (Ты уходишь?) — Я схожу (зайду) к соседке, сейчас приду. — Ладно, иди, но не задерживайся. А то нам скоро идти в театр. 7) Вчера вы ходил куда-нибудь? — Да, мы позавтракали и поехали в Музей Пушкина. Мы давно хотели туда сходить. Пешком дошли до метро, на метро доехали до «Кропоткинской», а от метро до музея идти минут десять.

5. На премьере: Хочешь пойти — давай пойдём — могу поехать (пойти) купить билеты — как мы поедем — завтра я иду в гости — не могу не пойти — каждый пойдёт — пойдём (идём, пошли) — с удовольствием пошёл бы — еду к дяде — конечно, пойду — поеду (пойду) не из дома — идём раздеваться — пойдём осмотрим фойе — пойдём (пошли) — давай пойдём (пойдём, идём) в зрительный зал — пошли (пойдём, идём) — как мы поедем — давай пойдём пешком (идём, пошли) — не хочется ехать в троллейбусе — пойдём — идём и обсуждаем.

6. Вышла новая кинокомедия: Давай пойдём посмотрим (пойдём посмотрим, пошли посмотрим) — стоит пойти посмотреть — пойдёмте посмотрим (давайте пойдём посмотрим) — пойду куплю билеты — пойди сдай — сколько ехать — за полчаса доедем — пошёл сдавать книги — как мы поедем — можно доехать до метро — и доехать до кинотеатра — поедем (давай поедем, едем, поехали) на такси — поехали — идём быстрее — пойдите посмотрите.

7. Глаголы *съездить, сходить* обозначают однократное завершённое движение куда-либо и возвращение. Это глаголы *совершенного вида* (СВ).

8. Единичное, однократное двунаправленное движение обозначается глаголом *сходить*, а повторяющееся — глаголом *ходить*.

9. При глаголах движения типа *сходить, съездить* цель движения обозначается только глаголом СВ. Его форма повторяет форму глагола движения: *съездил купил, сходил сдал, схожу сдам, сходить бы посмотреть*.

10.
1. 1) Я уже сходила закрыла. 2) Мы уже сходили пригласили. 3) Он уже сходил отправил. 4) Мы уже сходили купили. 5) Она уже сама сходила сдала. 6) Я сходил предупредил.
2. 1) Нет, не поеду, я уже съездила 2) Нет, не пойдёт, он уже сходил. 3) Я не пойду, я уже сходила пообедала. 4) Я не пойду, Мария сходила и купила для себя и для меня. 5) А мы уже съездили, в среду.

11. *Возможные ответы:* 1) Нужно съездить в центр, поискать там. 2) Им необходимо сходить в Третьяковскую галерею. 3) Ей нужно сходить в Музей имени Андрея Рублёва и в Третьяковскую галерею. 4) Им нужно съездить хотя бы в один из этих городов. 5) Ей необходимо съездить в Ясную Поляну. 6) Тогда ему необходимо сходить в Театральный музей им. А. Л. Бахрушина. 7) Тогда ему необходимо сходить в Пушкинский музей в Москве и съездить в Санкт-Петербург, чтобы сходить в Эрмитаж посмотреть коллекцию французской живописи.

12. 1) Конечно, сходи пообедай! 2) Да, сходи, пожалуйста, купи! 3) Конечно, съезди посмотри! 4) Конечно, съезди встреть, если сможешь! 5) Да, сходи, пожалуйста, ксерокопируй. 6) Обязательно сходи пошли.

15. Слева даны диалоги, в которых сообщается о том, чем был занят субъект действия. В диалогах справа сообщается, что субъект намеревался побывать где-либо и побывал там (действие планировалось, ожидалось и произошло): *хотел пойти в кино — сходил; собирался поехать (съездить) в Петербург — съездил.*

16. Вопросы с формами *ходил/ездил* употребляются при желании узнать, был или не был собеседник где-либо. Предварительно о планах собеседника говорящему не известно.

Вопросы с формами *сходил/съездил* употребляются при желании выяснить, побывал ли собеседник там, куда собирался, т. е. осуществил ли он своё намерение.

Вопрос с формой *сходил* может быть задан и тогда, когда говорящий считает посещение чего-либо обязательным для всех или когда речь идёт об обычном, регулярном действии: — *Открылась выставка «Мир в фотографии». Вы уже сходили? Нет? Я тоже ещё не ходил / не сходил. Пойду завтра. Если хотите, пойдёмте вместе;* — *Вы уже сходили в столовую, пообедали?* — *Нет, ещё не ходил.*

18. Второй репликой диалогов может быть любое из этих предложений.

Глаголы *пойти* и *сходить* различны по смыслу: первый называет однонаправленное движение, выделяя момент его начала (*пойти = отправиться*), второй — представляет однократное двунаправленное движение, подчёркивает его полную завершённость (включая этап возвращения). Соответственно различны по содержанию и могут употребляться в разных контекстах следующие предложения: *Я советую вам пойти домой / Я советую вам сходить домой.*

Если реплика начинается так: *У вас совсем больной вид,* то её продолжением может быть только: *Я советую вам пойти домой.*

Сравните также диалоги, где вторые реплики нельзя поменять местами: — *Сдал он, наконец, книги? — Да, он сходил в библиотеку / — Где он? — Он пошёл в библиотеку.*

В разговорной речи предложения с глаголами *пойти* и *сходить* нередко сближаются по смыслу. При этом замена одного глагола другим может не мешать коммуникации. Так происходит, например, когда: а) при глаголе движения есть глагол, обозначающий цель движения; б) глагол движения относится к модальному слову; в) глагол движения имеет форму императива или будущего времени. (См. также таблицу из задания 20 занятия 8 и комментарии к заданию 20.)

20.

1. Глаголы типа *сходить* единственно возможны или предпочтительны в сочетании: а) с глаголами *успеть, забыть* (оба глагола СВ); б) с временной «**за + В. п.**», обозначающей срок выполнения действия. Именно глаголы типа *сходить* соответствуют идее полной завершённости действия, выраженной в предложении лексическими (*успеть, забыть*) или грамматическими (**за + В. п.**) средствами.

Напротив, глаголы типа *пойти*, хотя они и СВ, обозначают движение незавершённое и потому неуместны в рассмотренных контекстах.

2. Глаголы типа *пойти* единственно возможны или предпочтительны в предложениях с временно́й конструкцией «**на + В. п.**», обозначающей время пребывания где-либо, если это время относительно длительное или представлено как длительное с помощью слов *весь, целый*: *поедет на 5 лет, на весь день, на целый месяц*.

Так как глагол *пойти* обозначает только движение «туда» и не содержит идеи возвращения: время пребывания где-либо можно представить сколько угодно длительным. Напротив, глагол типа *сходить* заключает в себе идею возвращения (*двунаправленного* движения) и тем противоречит представлению о длительном пребывании где-либо. Именно поэтому глаголы типа *сходить* сочетаются с конструкцией «**на + В. п.**» лишь в том случае, когда время пребывания где-либо непродолжительно, что часто подчёркивается уменьшительными суффиксами имён, обозначающих единицы времени, или порядком слов (инверсией) во временно́й группе: *схожу на часок, съезжу денька на два*.

3. В том случае, когда время пребывания где-либо непродолжительно, параллельно с глаголами типа *сходить* употребляются и глаголы типа *пойти*, нейтральные по отношению к признаку продолжительности пребывания где-либо: *сходи на часок — пойди на часок*.

21. *Возможные ответы*: 1) Да, за час я успею сходить пообедать. 2) За полчаса я схожу. 3) Ну что ж, съезжу хоть на три дня. 4) Он поедет на месяц. 5) Нет, я схожу минут на 20. 6) Она пошла на полчаса. 7) К сожалению, я забыл сходить записаться.

23.

1. О совместном движении при общей цели этого движения говорится в диалогах 1а, 1б. В диалогах 2а, 2б речь идёт только о совместном движении.

2. Для выражения предложения вместе побывать где-либо используются конструкции со словом *Давай(те)*: *Давай сходим навестим Сашу!* и реже используется форма *Сходим!*: *Сходим сегодня навестим Сашу!*

3. Согласие выражается формами *Сходим! Съездим..! Давай! Давай сходим (съездим)!* Используются также формы *Пойдём! Идём! Пошли!*

24. Давай я сначала схожу закажу лекарства, потом схожу отправлю твои письма, а уже после этого схожу отнесу учебник Наташе.

25. 1) Давай съездим завтра в магазин, ты купишь фотокамеру. 2) Сходим в фотоателье, я сфотографируюсь. 3) Давай сходим в деканат, я возьму справку. 4) Пойдём сходим в библиотеку, мне нужно перерегистрировать читательский билет.

В последнем предложении вместо слова *давай* использован глагол *пойдём*, имеющий побудительное значение.

26. Глаголы движения с приставкой *с-*, образованные от глаголов группы *ходить* (*сходить, съездить*), указывают на однократность двунаправленного движения. В глаголах *съехать/съезжать* приставка означает движение вниз.

28.
1. В словосочетаниях используются разные глаголы. Это глаголы-*омонимы*. В первом словосочетании глагол *сходить* обозначает однократное двунаправленное движение. Во втором словосочетании глагол *сходить* означает движение вниз.
2. В первом словосочетании используется глагол *совершенного вида* (СВ). Во втором — глагол *несовершенного вида* (НСВ).

29. В словосочетаниях используются глаголы *совершенного вида* (СВ).

30.
Ответы на вопросы: 1) Мы решили сходить на выставку. 2) Сосед предлагал съездить за город. 3) Отец просит сына сходить за газетами. 4) Мы решили сбегать за очками. 5) Товарищ предложил сплавать на островок. 6) Они предлагают сводить гостей в картинную галерею. 7) Мальчик мечтает, чтобы его свозили на море.

Возможные диалоги: 2) Давайте съездим за город. — Давайте! / Нет, я не поеду, я пойду на выставку, а то она закроется, а я так и не схожу, не посмотрю. 3) Сходи (сбегай), пожалуйста, за газетами. — Сейчас сбегаю. 5) — Давай сплаваем на островок! — Поплыли! / Нет, я не поплыву, я плохо плаваю. 6) — Давайте сводим их в картинную галерею. — Давайте!

ЗАНЯТИЕ 9

3. 1) Куда мы пойдём — хочу сводить вас в галерею; 2) куда хотите нас сводить (повести) — хочу свозить вас — вожу туда всех своих друзей; 3) кто водил вас по главному зданию; 4) не сможешь его нести (донести) — чемодан понесёт Саша — мы понесём лёгкие пакеты; 5) куда вы ехали — мы ходили на дневное представление — обычно стараюсь сводить гостей в цирк; 6) приезжайте в мой родной город — буду водить вас по городу — свожу вас в музей — мы сходим в театр — я приеду к вам; 7) возят ребёнка на море; 8) пришлось нести на руках; 9) что ты везёшь — обещал привезти — видишь везу — ты к нему едешь — еду на часок.

4. Собираюсь пойти в кино — можно мне пойти с тобой — конечно, пойдём — в какой кинотеатр пойдём — предлагаю пойти — давай лучше пойдём (пошли лучше) — давай (пошли, пойдём, идём) — пойдём пешком или поедем — пойдём пешком — за 20 минут дойдём — тогда пошли (идём!) — я ездил за город — куда ездил — ездил в Абрамцево — как туда ехать, на чём — ехали на автобусе — сколько времени ехать — ехать не очень далеко — доехали за час — кто ездил с тобой — ехали (поехали) часа на два — советую съездить — обязательно съезжу — уже прошли полдороги — скоро придём — осторожно, трамвай идёт — Нина поехала — ну, мы пришли — мы сразу пойдём в зрительный зал или пойдём погуляем — ты, наверное, ходил в музей — как туда ехать — я хочу прийти к музею — пешком дойдёшь — доедешь до — пройдёшь вперёд по переходу — спросишь, как пройти к музею — как-нибудь доеду — идём в зрительный зал — после третьего звонка входить запрещается — пусть сходят посмотрят! (пусть пойдут посмотрят!).

5. Ждём Нину: хотите поехать — ездили — до метро ехали (доехали) — ехали на метро — ехали 40 минут — можно доехать быстрее — поеду на метро — идти далеко — едем в Ясную Поляну — хотите поехать с нами — собираюсь съездить (поехать) — можно поехать с вами — поедемте (едемте) с нами — едем — Нина идёт.

7.
1. В предложениях говорится о повторяющихся действиях.
2. Приведены примеры двух типов контекста. Контекст одновременных повторяющихся действий: *заходила — когда шла* и контекст последовательных повторяющихся действий: *доходили — шли*.

8.
1. Речь идёт об однократных действиях. Движение представлено как процесс.
2. Следует ввести лексический показатель повторяемости: 1) До метро я *обычно* шёл с товарищем и мы говорили о нашем проекте. 2) Утром в автобусе *всегда* ехало много студентов. / *По утрам* в автобусе ехало много студентов… / Утром в автобусе *едет* много студентов.

9. 1) Работал он так: прозанимавшись час, откладывал книги и шёл отдохнуть. 2) Когда начинался отпуск, я брал билет и ехал в деревню или в горы.

10. В первый класс: начал ходить — шёл на урок — шли на перемену — и шёл домой — шёл в свою комнату — шёл гулять — шёл на каток — пойти (идти).

12. 1. Встаю в 8 часов, собираюсь и иду на занятия. После занятий иду в столовую обедать и т. д. 2. Вставал в 8 часов, собирался и шёл на занятия. После занятий шёл в столовую и т. д.

15.
1. В предложениях представлено двунаправленное (3) и ненаправленное (1, 2) движение.

2. Приставка указывает на ограниченность движения во времени (1, 2) или в количестве повторений (3). В первом предложении это значение поддерживается словом *немного*.

3. Все глаголы с приставкой *по-* (*походить, побегать, походить* на спектакли) — совершенного вида.

16. Если хочешь…, нужно: 1) поездить по стране; 2) походить/поездить по городу, походить на экскурсии; 3) походить в театры, музеи, на выставки и т. п.; 4) походить по залам музея / походить в музей; 5) походить на концерты.

18.

1. Во всех данных предложениях речь идёт о ненаправленном движении, ограниченном по времени.

2. Глаголы с приставкой *про-* подчёркивают, что всё указанное время (*от момента прихода в лес до обеда; почти час*) занято этим движением. В предложениях присутствуют элементы, с помощью которых передаётся субъективная характеристика движения как длительного, даже излишне длительного (проходили *до самого обеда*; проездили *целый час*) или недлительного (*всего* час). Таким образом, представление о длительности/недлительности движения создаётся не только глагольной приставкой *про-*, т. е. самим глаголом, но и средствами контекста (Ср.: сообщения *ходили до обеда*; *ездили целый час* воспринимаются как нейтральная информация о времени движения).

3. В данных предложениях глаголы с приставкой *про-* — *совершенного вида* (*СВ*).

19. Приставочные глаголы ограничительных способов действия с приставками *по-* и *про-*, в том числе и глаголы движения типа *поездить, проездить* (СВ), сочетаются с временно́й конструкцией «**В. п. без предлога**», обозначающей время продолжения какого-либо действия. Ср.: *походили / проходили час — поработали / проработали месяц*.

Глаголы движения с приставкой *с-* типа *сходить, съездить* (СВ!), сочетаются с временно́й конструкцией «**за + В. п.**», обозначающей срок выполнения, завершения какого-либо действия, в том числе двунаправленного движения: *съездил / сходил за час — прочитал за неделю; построили за год* и т. п.

> Обратите внимание на сочетания: *походили немного, немножко, недолго, мало; проходили долго, недолго*.

20. *Возможные ответы*: 1) Мы проездили весь вечер. 2) Они пробегали весь день. 3) Он проводил нас по музею часа два. 4) Мы прокатались часа полтора.

21. *Возможные ответы*: 1) Да, они проходили около часа. 2) Да, они проездили два часа. 3) Да, он прокатался до вечера. 4) Да, он прокатался часа три. 5) Да, мы пробегали на десять минут дольше.

22. 1) полезно немного походить; 2) давай немного поплаваем; 3) проходили до самого обеда; 4) поводите нас; 5) долго не проходишь; 6) походите или побегайте; 7) походи; 8) немного походим и вернёмся — а проходили долго; 9) Вот бы покататься!

> Обратите внимание, что в предложениях с глаголами типа проходить, проездить обычно указано, как долго продолжается движение (проездили два часа, проходили полдня, до обеда). В предложениях с глаголами типа походить, поездить, побегать конкретное время может не указываться (не указывается), так как нужная информация передаётся самой приставкой (они поводили нас по городу, перед сном походили по парку).

23. 1. *Проходили мост* (НСВ) — движение мимо; *проходили по набережной до заката* (СВ) — указана длительность (продолжительность) ненаправленного движения. 2. *Прошли / проходили 5 километров* — указание на проделанный путь; *проходили часа два* — длительность действия.

25. 1) не хочу съезжать с горки; 2) не буду слезать; 3) не хочу подплывать; 4) не хочу подъезжать к зданию; 5) не хочу уезжать; 6) не буду заезжать; 7) не буду переносить; 8) не хочу отвозить; 9) не хочу подбегать; 10) не буду догонять; 11) не хочу отвозить письмо; 12) не буду переплывать; 13) не хочу приводить товарища; 14) не хочу никуда заезжать.

26. 1) Она часто приезжает. 2) Они всегда привозят какие-нибудь сувениры. 3) Они регулярно приплывают в порт. 4) Он всегда влезает на стул. 5) Птицы всегда слетаются клевать крошки. 6) Кошка всегда с трудом слезает с высокого дерева. 7) Обычно её приводит мать. 8) Я могу регулярно приносить тебе книги. 9) Я каждый раз переплываю реку. 10) И всегда они убегали. 11) Брат всегда обгонял меня. 12) Каждый раз на фестиваль съезжались музыканты из разных стран. 13) Они всегда на всё лето выезжали на дачу. 14) С каждым днём он проплывал всё больше метров.

ЗАНЯТИЕ 10

1.
1. А) 1, 5, 8, 9, 11; Б) 2, 3, 4, 6, 7, 10.
2. Движение, о котором идёт речь в предложениях группы А, — ненаправленное, оно ограничено по продолжительности. В предложениях группы Б говорится о движении двунаправленном. Это движение ограничено количеством повторений.

2. *Пропущенные глаголы*: 1) проездил в ателье целых два часа; 2) проездили ровно час; 3) проходили полдня; 4) пролетала дольше других; 5) походили всего-навсего минут сорок; 6) походил на несколько занятий; 7) прокатался на них две зимы; 8) проходил в нашу школу не весь учебный год.

Употребить в этих предложениях глагол без приставки можно, но исчезнет значение ограниченности по времени и количеству повторений, а также «субъективный» оттенок излишней или недостаточной длительности.

3. В диалоге, где использован глагол СВ — *съездил* — говорится о том, что осуществлено действие, которое планировалось, намечалось, ожидалось. Это контекст для употребления именно глагола СВ. Указанный смысл поддерживается словами *наконец, наконец-то.*

4. 1) Ездил за город; 2) ходил в киоск; 3) да, он сходил купил воды; 4) ездила на родину; 5) ездил в командировку; 6) уже съездил в командировку; 7) уже съездил.

6. 1) На днях пойду (схожу) посмотрю; 2) пойдите (сходите) посмотрите — завтра же пойду (схожу) посмотрю; 3) давай пойдём (сходим) посмотрим / пошли посмотрим; 4) пойду (схожу) запишусь; 5) после занятий пошёл взял (сходил взял) в библиотеке; 6) с удовольствием пошла бы (сходила бы) послушала; 7) я сейчас пойду (схожу) принесу; 8) давай я пойду (схожу) сдам; 9) давай пойдём (сходим) узнаем; 10) пойди (сходи) посоветуйся с врачом; 11) после того как схожу пообедаю; 12) я уже сходил купил; 13) пошёл сдать (сдавать) книги.

В предложении 12 следует использовать только глагол *сходил*, так как именно этот глагол означает, что цель — купить билеты — выполнена. В предложении 13 можно употребить глагол *пошёл*, так как речь идёт об однонаправленном движении: *Он пошёл в библиотеку, но ещё не вернулся.*

7. 1) Решил пойти посмотреть (сходить посмотреть, походить посмотреть); 2) хочу пойти (сходить) послушать; 3) собираюсь ходить (*от начала до конца на все лекции*) / походить (*может быть, только на часть лекций*); 4) полезно ходить (*на все занятия*) / походить (*хотя бы на часть занятий*); 5) буду ходить (*на все занятия*); 6) наконец сходили (*осуществили намеченное действие*); 7) нужно походить на концерты / ходить на концерты (*без ограничения повторений*); 8) регулярно ходить в музеи (*без пропусков*); 9) нужно пойти (сходить) на какую-нибудь выставку; 10) нужно походить по улицам; 11) хочу ещё немного походить (*ограничение по времени ненаправленного движения*); 12) я успел сходить в несколько музеев и театров; 13) не забыла сходить в аптеку; 14) несколько раз пойти (сходить) в этот театр; 15) проходили около часа (*субъективный оттенок длительности*); 16) проездила больше двух часов (*оттенок длительности*).

8. 1) Я хорошо знаю этот музей, так как уже не раз ходил туда. 2) Мне хочется съездить в какой-нибудь северный русский город. 3) — Игорь уже ездил на Урал. Последний раз он ездил туда месяц назад. — И надолго он ездил туда? — По-моему, он ездил на неделю. 4) В какие европейские страны вы уже ездили и куда хотели бы ещё съездить (поехать)? 5) Мои друзья давно собирались поехать в Египет. И вот, наконец, они съездили в страну древних пирамид. 6) Надолго он поедет в

Новгород? 7) Куда вы ещё успеете съездить до конца стажировки? 8) Я рад, что мне удалось съездить в «город белых ночей».

9.

К друзьям на дачу: поехали на дачу — вышли рано — приедем — просили привезти — выходили — пока будем ехать — просили привезти им — проходили мимо — зашли в него — пришли на вокзал — прошли на платформу — пришла (подошла) электричка — сели в вагон и поехали — электричка отошла точно по расписанию — шла со всеми остановками — ехали не очень долго — доехали за полчаса — дошли за 15 минут — перешли речку по мостику — подошли к калитке — вошли в сад — собирались идти (пойти) нас встречать — приедем так рано — домой приехали в 11 часов — довольны, что съездили — когда мы поедем к друзьям — отвезём к ним на дачу — будем ходить ловить рыбу.

Каникулы: приезжайте к нам — вместе походим по музеям — сходим в театры — съездим в пригороды — поводим и повозим вас везде — вы поехали в Петербург — хотели поехать — приезжает мой брат — водить его по городу — ходить с ним в музеи — не смогу приехать к вам — приезжает брат — приезжайте в Москву — а я к вам приеду — приехали в Москву — да, они приехали — уже приезжали в столицу — я ездил на 10 дней — он приезжал только на неделю — пять дней назад уехал домой.

День рождения: куда-нибудь пойти (сходить) — пойдёшь к нему — ходим без приглашения — тот приходит — приходят друзья — иду — не могу пойти — не могу прийти — придут Саша с Олей — он уехал (поехал) в командировку — обязательно придёт — не придёт — ты пойдёшь — пошла бы — везу (повезу) группу туристов — когда приеду домой — пойду (схожу) — ты отнесёшь — конечно, отнесу — пойдём со мной — сама отнесёшь свой торт.

10. Однонаправленное движение обозначено формой прошедшего времени глагола СВ: *ушёл, принёс* (слева). Двунаправленное движение передано формой прошедшего времени глагола НСВ: *уходил* (дома не было), *приходил к нам* (был у нас), *приносил фотографии* (уходя, унёс с собой, не оставил).

Способность обозначить двунаправленное движение свойственна только формам прошедшего времени глаголов движения НСВ (это видовое значение — значение аннулированного результата действия, ср.: *Мы открывали окно*), хотя сами глаголы *уйти/уходить, прийти/приходить, принести/приносить* обозначают однонаправленное движение.

11. 1) Приходила Аня; 2) приехала моя сестра; 3) приезжала моя сестра — уехала в Петербург; 4) приезжала сюда два года назад; 5) он первый подошёл поздравил; 6) не подходили друг к другу; 7) подходил близко к картине; 8) она заходила на минутку; 9) я ходил к ней; 10) ездил тогда.

12. 1) Когда мы вышли из дома, я вспомнил…; 2) Когда мы выходили из дома, я проверил…; 3) Когда они выходили из магазина, они столкнулись в дверях…; 4) Когда мы переходили в другую аудиторию, Нина забыла…; 5) Когда будешь уходить, не забудь закрыть…; 6) Когда будете проходить мимо киоска, купите…; 7) Когда будете переходить улицу…; 8) Когда ученик вышел к доске, учитель попросил его…

13. Первая цифра обозначает номер значения, вторая — номер предложения: 1/1; 2/3; 3/7; 4/9, 5; 5/2; 6/4; 7/6; 8/8.

15. Переходные глаголы с приставкой *от-* используются для обозначения процесса перемещения объекта из одного места в другое, от одного лица другому. Процесс перемещения начинается в том месте, где объект находится до начала перемещения, и включает два действия — удаление объекта из исходной позиции (движение «отсюда») и доставку объекта в указанное место (движение «туда») или указанному лицу (адресату действия). Субъект движения выполняет функцию «почтальона», «перевозчика». В результате движения субъект и объект разделяются: объект остаётся (может быть, временно) там, куда или кому он доставлен, а субъект, «освободившись» от объекта, возвращается назад или продолжает своё движение куда-либо. Например: — *Откуда ты идёшь?* — *Отводила (отвела) детей в детский сад* (дети в саду); *Ваши друзья приехали в Москву с детьми?* — *Нет, они отвезли их к бабушке на дачу* (дети на даче).

Переходные глаголы движения с приставкой *при-* обозначают не процесс перемещения объекта в целом, от старта до финиша, а только заключительный этап, момент доставки объекта куда-либо или кому-либо (*сюда, туда, мне, тебе, ему*). Результатом действия, обозначенного глаголом с приставкой *при-* является присутствие объекта в указанном месте или наличие его у какого-либо лица (адресата действия). Разделение субъекта и объекта не акцентируется. Например: — *Это ваш словарь?* — *Да, я принёс его на урок;* — *Откуда у Кати учебник?* — *Ей кто-то принёс;* — *Что за книга лежит на столе?* — *Лена приходила, принесла мне почитать.*

16. 1) Отнёс его в мастерскую; 2) ещё утром отнёс; 3) сейчас принесём — и принеси; 4) нужно отнести ему один учебник; 5) почему вы не привезли их — мы отвезли их; 6) я принёс словарь на урок; 7) привозили (привезли) посуду на ярмарку; 8) книги они ему приносят — отнесу ему хороший сборник анекдотов; 9) отнести эту записку — давайте отнесу; 10) должен отнести его руководителю — просил обязательно принести; 11) принесите нам ножницы — возьми ножницы и отнеси.

17. В диалогах речь идёт об одном и том же событии: Андрей должен доставить Ивану журнал. В обоих случаях одно и то же действующее лицо (Андрей), один объект действия (журнал) и один адресат действия (Иван), однако эта ситуация описана по-разному, с помощью разных переходных глаголов движения: *принесу — отнесу.*

В диалоге слева говорящий (Андрей) обращается к получателю журнала (адресату действия) и одновременно — адресату речи (Ивану), поэтому выделен только заключительный момент движения (*принесу тебе*).

В диалоге справа говорящий (Андрей) сообщает другому, новому собеседнику (Олегу), что должен уйти ненадолго, чтобы, взяв журнал, доставить его третьему лицу (Ивану): *отнесу ему*. Движение представлено как перемещение объекта «отсюда», где объект находится сейчас, «туда», где он будет находиться. Вниманием охватывается как начальный, так и заключительный момент движения.

19.

1) Сейчас приду к тебе, принесу справочник — он просил принести ему — и ты пойдёшь к Саше, понесёшь ему — просит принести — придётся пойти отнести — я отнесу книжку — сразу приду назад.

2) Принести вам будильник — приносите — пойду в мастерскую — отнесу будильник — хорошо, иди — приходи поскорее — скоро приду — откуда ты идёшь — ходил в мастерскую — относил будильник — нужно пойти (сходить) в мастерскую — отнести часы — давно уже не ходят (не идут).

3) Ходят в детский сад — ведёт (отводит) малышей в сад — едем (идём) на работу — отвёл детей и шёл домой — так рано идёшь — отводил детей в садик — зайду домой — поедем на работу — в школу его водит — зашёл бы — привёл бы сына — приходи приводи своего первоклассника — придём.

4) Просит принести ему словарь — не может сам прийти — сейчас приду, принесу — я схожу (пойду) отнесу словарь.

В диалогах 1, 2, 4 об одном и том же действии субъекта сообщается сначала адресату действия: *приду принесу, принести вам, приду принесу* (выделен момент доставки, заключительный момент движения), а затем — другому лицу, лицам, т. е. только адресату речи, слушателю, собеседнику, а объект доставляется третьему лицу (я — ему, им) и выделяется момент начала движения: отсюда — туда, ему, им. Следует обратить внимание и на непереходные глаголы движения, на их приставки. Они разные: *приду принесу — пойду отнесу*. Глагол с приставкой *по-* выделяет момент начала движения, а с приставкой *при-* — его конец. Это отражает логику употребления переходных глаголов: *приду принесу* — оба глагола обозначают заключительный момент движения, а глаголы *пойду* и *отнесу* — выделяют стартовый момент движения.

20.

1. Будильник в мастерской; дети в детском саду.

2. Эти диалоги подчёркивают ту особенность переходных глаголов с приставкой *от-*, что в результате перемещения объекта происходит разделение, разъединение субъекта и объекта движения.

3. Смысл ответной реплики при замене глагола НСВ (*относил, отводил*) глаголом СВ (*отнёс, отвёл*) — не изменится. Однако глагол СВ в этом случае приоб-

ретёт перфектное значение, то есть будет подчёркивать наличие объекта там, куда он был перемещён. В русской разговорной речи в ответах на вопросы *Откуда идёшь? Где был? Что делал?* и им подобные обычно используется глагол НСВ. (См. также комментарии к заданию 44 занятия 2.)

21.

1. В примерах, данных под цифрой 1, доставка объекта — результат однонаправленного движения субъекта. Это обусловлено тем, что субъект в момент начала движения находится там же, где и объект.

В примерах под цифрой 2 субъект совершает двунаправленное движение, так как находится не рядом с объектом и ему приходится сначала проделать путь к объекту (*Принесу стул из соседней аудитории*) или сначала доставить объект, а затем, уже без объекта, возвращаться назад (*Я относил книги в кабинет*).

2. Непереходные глаголы в данных примерах обозначают движение самого субъекта (способ его передвижения). Как отмечалось ранее, структуры со сдвоенными глаголами (*приду принесу*, *сходил отнёс*, *пойди принеси*) имеют стилистическую окраску — они используются прежде всего в разговорной речи.

22. 1) После семинара я пойду (схожу) отнесу книги на место. 2) Завтра Нина приедет привезёт тебе эти фотографии. 3) Давай я пойду (схожу) отнесу твою записку Наташе. 4) Если у тебя есть время, съезди (поезжай) отвези, пожалуйста, мой отзыв на дипломную работу Ирине Ивановой. 5) Сходи принеси, пожалуйста, из холодильника минеральную воду.

КЛЮЧИ К МАТЕРИАЛАМ ДЛЯ КОНТРОЛЯ И КОНСУЛЬТАЦИЙ

1. Как ты себя чувствуешь
Ходили — не идти (не ходить) — не приду — пойду — не приду — пойдёшь — пойду (схожу) — сходить (пойти) — зайду (приду) — схожу — привёз — иди — войдите — пришёл (зашёл) — ходил — не пошёл — зашёл (пришёл) —сходи — схожу отправлю — пойдём — пойду (схожу) принесу —приносить — дойти — пойдём (идём, пошли) — пойдём (идём, пошли).

2. Давайте познакомимся
Приехали — приехал (а) — приезжал — приехал — ездил — поехать (съездить) — приедут — поеду — приезжали — ездят — ездил — приезжал — ездил — не поехал — поехать — приехать — приедете — приехать.

3. В столовой самообслуживания
Пришли *обедать* — пойду принесу — иди! — ушёл — подошёл — отошёл — пошёл — пришёл — принёс — подошла — унесла — отнесли — сходили пообедали — ходите обедайте в столовой — (ходите обедать в столовую).

> Обратите внимание: подошла женщина и *унесла* тарелки — мы собрали посуду и *отнесли* её.

4. Сказка о волке, козе и капусте
Переплыть (переехать) — перевезти не мог — перевезти по отдельности — перевёз козу — поехал (поплыл) — перевёз капусту — повёз с собой обратно — доплыл (доехал) — вы́лез (вы́шел) — вы́вел козу — поплыл с ним к капусте — поплыл (поехал) обратно — переплыл (переехал) реку — перевёз.

5. Гости
Ходил(а) — приходили (приезжали) — приехали — приехали (прилетели) — уехали — привезли — пошел (пошла) на занятия — чуть было не пошёл (пошла) — не ходи — иди домой — зашёл (зашла) в магазин — купил (а) — пришёл (пришла) — войдите — подхожу — пришёл (приехал) — пришли — входите (заходите) — проходите — пришёл (пришла) — пойти — не пошёл (пошла) — пойду приготовлю — ходи — приехали — уезжаем — поедем в Москву — зашли — отвезти тебе — мы привезли тебе — уже ходили — собираются пойти (сходить) — уезжают — что-нибудь отвезти — привезти — доехали — идём (пойдём) — сходить — приеду — привезу — отвезёте — отвезём — поезд отходит.

> Обратите внимание: *родители просили отвезти тебе — родители просили привезти им от тебя; поезд отходит.*

6. В цирке

Часто водили — всегда шёл (шла) — переехали — ещё не ходил (а) — приезжала — пойти посмотреть — удалось сходить—пойти — пойду — зайду за вами — ехать — приехать — приду — поедем — доедем до — перейдём на — доедем до — пришли друзья — ходил (а) — прошли перед нами — вышел — выходили (выбегали) — уходили (убегали) — ездили (катались) — катались (ездили) — лазили — ходили — выходили — уходили — сходите (пойдите) посмотрите!

Обратите внимание: выйти на арену (на сцену) — уйти с арены.

7. Что нового

Приехала — приехала на неделю — поедет — приехала — приезжала — ездила (приезжала) — возят по городу — водят в какой-нибудь музей — ходили — пойти (сходить) в музей-усадьбу — поехать (съездить) в Ясную Поляну — пойти — пойдём — как доехать — доехать (ехать) — за полчаса доедете — поводить (повозить) — ездили — бродили — походила по музеям — сходила (съездила) — обойти всё.

Обратите внимание: сестра хочет пойти (сходить) в музей — я хочу пойти с ней (присоединение).

8. Где вы были

Пойти погулять — вышли — пошли — давайте покатаемся — проплыли — поплыли назад — пришли домой — ходили — проходили — немного покатались — проплыли — проплыли (проехали)— заплыли далеко — доплыли (доехали) до поворота — плавал (переплывал) — плавает — проплывает.

Обратите внимание: заплыть далеко (удаление дальше, чем обычно, чем нужно).

9. Где здесь аптека

Прошли — перейдите — пройдите — дойдёте.

Обратите внимание: прошли аптеку — здесь: случайное движение дальше, чем нужно.

10. Давай отдохнём

Ходит заниматься — не хожу — ходил — пойти — пришли — входили — проходили на свободные места — сходил (а) (пошёл — пошла) — не идти (не ходить) — пойду — войти — уйти — пригласили пойти — прийти — пойдём — пойду (зайду) сдам книги — зайду домой переоденусь — поеду — отвезти — привезти — пойти на улицу — подышать — зайду за товарищем приглашу его немного походить по парку — долго не проходишь — войдите — вхожу — зашёл за тобой — пойдём походим — пойдём (идём, пошли) — пошли — пойдём или поедем — пойдём — пошли (идём) — сошли — прошли — вышли — навстречу нам шли — шли домой — обошли — идти — разошлись по комнатам — проходили минут сорок.

Обратите внимание: нужно отвезти им журнал — они просили привезти журнал; входили и проходили на свободные места (движение вперёд).

11. **Куда бы нам пойти**

Пошли заниматься — хотелось идти и идти — пойти походить (побродить) — побродить по городу — мимо которых проходишь — не хотелось идти заниматься — пришли — вошли — прошли в читальный зал — пойти выпить по чашке кофе — вышли — вошли в буфет — отнесла — сходила за приборами — можем уйти — пойти — нельзя идти — давай пойдём (сходим) — ехать — доедем — пойдём (пошли, идём, давай пойдём) — прийти (зайти) послушать — не пойдём — сходим в другой раз — пойдём — зайдём пообедаем — походим — идём (пошли, пойдём) — вышли — мы пришли (подошли) — подошёл (пришёл) автобус — поехали — ехала — ехали — вышли вместе с нами — прошли — перешли — вошли — переходили от экспоната к экспонату — подходили поближе — отходили — подходили — обойти — ходить — проходили часа полтора — уйти — прийти ещё раз — зашли пообедали — походили (побродили) — поехали домой — едете — ходили на выставку — сходить — сходил посмотрел — пойдёте — пойду — зайдём — едем — не проехали свою остановку — пройдём вперёд — выходите (будете выходить, сходите, будете сходить) — пройти — вышли — доехали — ехали.

12. **Возвращение**

Уезжаем — отходит — успеем сходить на море искупаться — сходим (пойдём) пообедаем — пойдём собираться — пойти нас проводить — зайдут за нами — нужно сходить на почту узнать — зайду — пойду (буду идти) домой — просили принести — обещали принести — но не отнесли — отнесём — пойдём — отвезти — довезти (довезёшь) — ехать — довезёте — довезём — привезти — сходить набрать (нужно пойти набрать на берегу) — сходим попрощаемся — выйти — донести — не хочется уезжать — ехать — опять приедем — не поедем.

> Обратите внимание: *нас просили принести книги — мы обещали принести, но не отнесли* (направленность движения).

13. **До субботы**

Ездили — обычно ездим — доезжаем до Сосновки — можно доехать — идти (пойти) — прошли — стараемся не расходиться — не забрести (зайти) в болото — зайти слишком далеко — немного походим — обойдём все грибные места — выйдем к реке — ходил — проходил — носить (нести) корзину — прошли — пошли на станцию — только мы пришли — подошёл поезд — приехали — удачно съездили — пойдёмте (поехали) — поеду.

14. **Мы встречаем друзей из Киева**

Приехать — поехать (пойти) — вышли — приехать — как поедем — ехать — давай лучше поедем — заехать — поехали — проезжали — зашли в магазин — поехали — ехали — вёз — доехали — подвёз — вышли (вылезли) из машины — вошли (прошли) — подошли — придёт — *пошли* (вышли) на платформу и *прошли вперёд* — идёт — поезд *медленно подошёл и остановился* (*последовательные действия)* — вышли — повезли — как вы доехали — ехали — когда вы вы́ехали — ехали — надолго приехали — не привезли — отвезли их на дачу — хотели поехать — едем — будем проезжать — хотим пойти (сходить) — долго еще ехать — приедем — будем ехать — подъезжаем — подъехали — помогли *отнести чемоданы в номер* — ушли — прийти.

> Сравните: *помогли отнести вещи в номер — внести вещи в номер — носить вещи в номер — донести вещи до номера.*

СОДЕРЖАНИЕ

Предисловие 3

ЗАНЯТИЕ 1 7

Глаголы движения, способ передвижения, тип движения. Общая характеристика глаголов движения; группа *идти* и группа *ходить*. Обозначение однонаправленного движения в контексте одновременных действий. Обозначение однонаправленного движения в контексте последовательных действий. Обозначение ненаправленного движения. Обозначение двунаправленного движения.

ЗАНЯТИЕ 2 18

Общая характеристика глаголов группы *идти* и группы *ходить* (продолжение): Особые случаи употребления глаголов группы ходить: обозначение повторяющегося однонаправленного движения; глаголы группы ходить при характеристике лица или предмета. Глаголы движения в непрямом значении. Обозначение движения транспорта. Обозначение посещения учреждений и их представителей; обозначение присутствия на мероприятиях. Глаголы движения в типовых ситуациях. Обозначение направления движения и места, где происходит движение. Обозначение обстоятельств завершённого движения. Использование глаголов группы *ходить* для обозначения занятости и причины.

ЗАНЯТИЕ 3 36

Глаголы движения в типовых ситуациях (продолжение): Ориентация на трассе однонаправленного движения. Характеристика однонаправленного движения по времени. Характеристика ненаправленного и двунаправленного движения по времени.

ЗАНЯТИЕ 4 47

Глаголы движения в типовых ситуациях (продолжение): Характеристика движения по расстоянию. Обозначение местоположения по отношению к движущемуся субъекту. Обозначение: появления ожидаемого субъекта; движения к наблюдателю или от него; выхода субъекта из поля зрения наблюдателя; движения, которое реально не наблюдалось. Глаголы движения в вопросительных предложениях со словом *как*.

ЗАНЯТИЕ 5 60

Перемещение объекта (глаголы *вести/водить, везти/возить, нести/носить*).

ЗАНЯТИЕ 6 72

Обозначение однонаправленного движения с помощью глаголов типа *пойти*. Значение приставки *по-*. Некоторые случаи употребления глаголов типа *пойти*. Вид и форма глагола, обозначающего цель движения.

ЗАНЯТИЕ 7 86

Обозначение однонаправленного движения с помощью глаголов типа *пойти* (продолжение): Обозначение будущего и предстоящего действия. Выражение предложения и согласия (несогласия) при совместном действии. Выражения приглашения к совместному действию. Приглашение и просьба.

ЗАНЯТИЕ 8 95

Обозначение завершённого двунаправленного движения. Вид глагола и значение приставки *с-*. Вид и форма глагола, обозначающего цель движения. Различение форм *ходил/сходил*. Параллельное употребление глаголов типа *пойти — сходить*. Различение глаголов *съездить* и *съехать/съезжать*. Омонимия глаголов *сходить* (СВ) и *сходить* (НСВ).

ЗАНЯТИЕ 9 106

Обозначение повторяющегося однонаправленного движения. Глаголы группы *ходить* с приставками непространственного значения. Обозначение ограниченной длительности ненаправленного движения. Обозначение ограниченной повторяемости двунаправленного движения. Глаголы группы *идти* с приставками пространственного значения: Образование видовых пар. Значение и употребление.

ЗАНЯТИЕ 10 122

Употребление глаголов движения с приставками пространственного значения. Обозначение двунаправленного движения формами прошедшего времени НСВ. Обозначение доставки объекта.

Материалы для контроля и консультаций 134
Ключи и комментарии к занятиям 144
Ключи к материалам для контроля и консультаций 191

Учебное издание

Лия Павловна Юдина

ИДТИ или ХОДИТЬ?

Глаголы движения в речи

Редактор: *В.Б. Бронников*
Корректор: *В.К. Ячковская*
Компьютерная вёрстка: *Е.П. Бреславская*

Формат 70×90/16. Объём 12,5 п. л. Тираж 1500 экз.
Подписано в печать 11.05.10. Заказ 215

Издательство ЗАО «Русский язык». Курсы
125047, г. Москва, 1-я Тверская-Ямская ул., д. 18
Тел./факс: +7(495) 251-08-45; тел.: +7(495) 250-48-68
e-mail: ruskursy@gmail.com; rkursy@gmail.com; kursy@online.ru
www.rus-lang.ru

Отпечатано с готового оригинал-макета издательства
в типографии ФГНУ «Росинформагротех»
141261, пос. Правдинский Московской обл., ул. Лесная, д. 60
Тел. +7(495) 993-44-04

Г.Л. Скворцова, Г.Н. Чумакова

РУССКИЕ ГЛАГОЛЫ

Тетрадь-словарь студента-иностранца

«Тетрадь-словарь» представляет собой пособие по русскому глаголу, адресованное иностранным учащимся.

Словарь — потому, что в нем представлены глаголы видовыми парами в алфавитном порядке с указанием основных форм изменения и синтаксической сочетаемости, а также дается образец предложения, который может быть использован студентом при составлении своего предложения с данным глаголом.

Тетрадь — потому, что в пособии применяется определенная система изучения и записи русских глаголов, что предполагает экономию учебного времени преподавателя и времени студента на подготовку к занятиям.

Цель пособия — помочь студентам усвоить значение и основные формы русских глаголов и осмыслить их роль в предложении при построении самостоятельного высказывания на русском языке.

Словарь составлен на основе анализа программы по русскому языку как иностранному (I сертификационный уровень) и учебников русского языка для студентов-иностранцев первого года обучения.

В пособии имеются тесты (с ключами) для самостоятельного контроля за усвоением глаголов русского языка.

Э.Н. Эндрюс

РУССКИЕ ГЛАГОЛЬНЫЕ ПРИСТАВКИ

Практикум

Учебное пособие посвящено углублению и активизации знаний о приставочных глаголах. Материалы предназначены для учащихся всех форм обучения, а также преподавателей РКИ. Рассчитано на учащихся, получающих сертификат III уровня общего владения русским языком как иностранным.

Пособие включает краткую характеристику русских глагольных приставок по семантическим признакам, а также упражнения, с помощью которых можно отработать правильное употребление приставочных глаголов.

В пособии даны ключи к большинству упражнений.

О.В. Чагина

ВОЗВРАТНЫЕ ГЛАГОЛЫ

Описание и употребление

В пособии рассматриваются наиболее представительные семантические разряды возвратных глаголов РКИ.

Книга состоит из двух частей. Теоретическая часть будет полезна в первую очередь преподавателю. Материал здесь представлен в виде систематизирующих таблиц. В практической собраны упражнения, направленные на отработку употребления возвратных глаголов в речи. Описание каждого семантического разряда глаголов в первой части дополняется тренировочными упражнениями во второй.

Глаголы каждого разряда анализируются по семантическим и синтаксическим признакам, демонстрируется вариантность синонимических средств. Особое внимание уделяется анализу трудностей, с которыми сталкивается иностранный учащийся.

Пособие содержит большой материал для развития монологической и диалогической речи: диалоги, упражнения, ситуации, тексты.

Книга предназначена для работы на продвинутом этапе обучения как под руководством преподавателя, так и самостоятельно.

Г.В. Колосницына, М.Н. Макова,
Л.Н. Шведова, Л.В. Шипицо

ГРАММАТИЧЕСКИЕ ЭТЮДЫ

Трудные разделы грамматики русского языка

Пособие предназначается для иностранных учащихся, владеющих русским языком в объеме I сертификационного уровня. Грамматический курс рассчитан на 150–180 академических часов аудиторных занятий при условии активной самостоятельной работы студентов с текстовым материалом.

Овладение грамматическими навыками происходит в разных функциональных стилях русской речи.

Учебный материал включает кроме того наиболее сложные вопросы грамматики: краткие формы прилагательных и причастий; выражение безличности; глаголы движения; вид русского глагола.

Широкая адресованность грамматического курса, тщательная отработка материала в эмоционально-экспрессивном контексте позволяют учащимся овладеть сложными явлениями русской грамматики, подготовиться к сдаче тестов по русскому языку.

Р.Х. Анопочкина

ГРАНИ ТЕКСТА

Пособие по русскому языку для студентов-иностранцев

Целью пособия «Грани текста» является обучение студентов-иностранцев различным видам речевой деятельности, формирование и развитие навыков работы с текстом в учебно-профессиональной сфере общения.

В пособии представлены тексты научного, официально-делового, публицистического и художественного стиля; предлагается система разнообразных заданий, направленных на развитие речи и конструирование текстов различного характера.

Для иностранных учащихся, владеющих русским языком в объеме I сертификационного уровня и продолжающих обучение по программе II сертификационного уровня.

Пособие предназначено для работы студентов под руководством преподавателя и для самостоятельной работы.

Т.А. Аросева, Л.Г. Рогова, Н.Ф. Сафьянова

НАУЧНЫЙ СТИЛЬ РЕЧИ

Технический профиль

Учебное пособие содержит уникальную систему заданий по русскому языку, подготовленную на базе основного курса высшей школы по математике, физике и химии.

Цель пособия — введение и активизация языкового материала в устной и письменной форме, развитие навыков чтения, конспектирования, диалогической и монологической речи. Лексико-грамматический материал вводится на синтаксической основе, через речевые образцы, что обеспечивает комплексную подачу языкового материала и его коммуникативность. Текстовый материал оптимально соотнесен с программным материалом по математике, физике и химии и представлен специально составленными, а также адаптированными и неадаптированными текстами общенаучного характера.

К пособию прилагается диск, записанный на основе представленных текстов.

Пособие адресовано студентам, изучающим русский язык как иностранный (I сертификационный уровень) и предназначено для работы под руководством преподавателя.